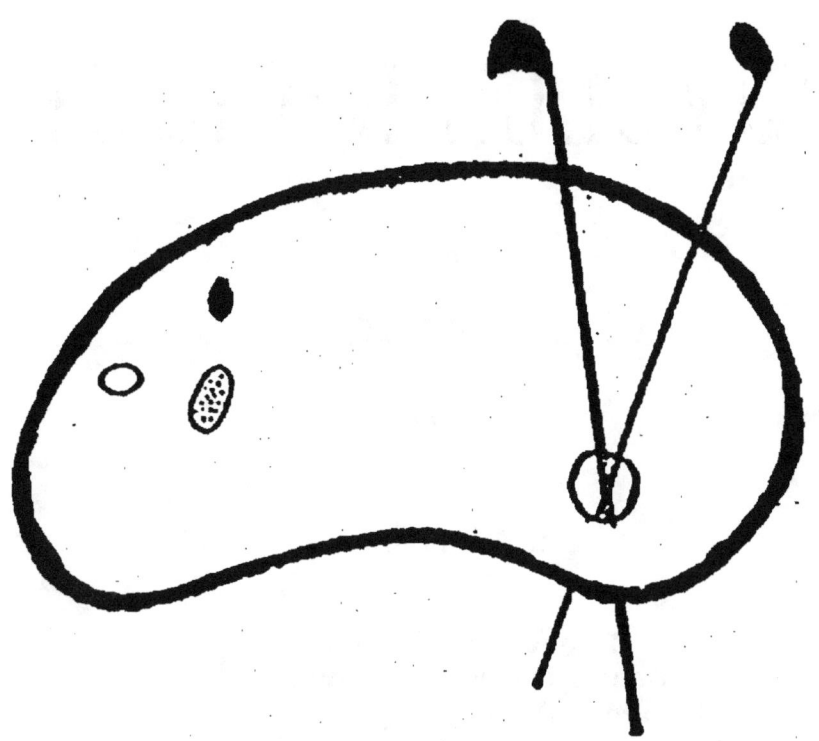

DEBUT D'UNE SERIE DE DOCUMENTS
EN COULEUR

APERÇU

D'UNE

NOUVELLE LOGIQUE

PAR

L. FOUCOU

2me Partie

Nouvelle analytique.
Conséquences affirmatives.
Séries réductibles, groupes, faisceaux.
Conséquences avec négation. — Sylleptiques,
Divisoires, collections concrètes, modes et genres
Raisonnement dans les fonctions logiques.
Modales — Topiques, logique des sciences
Logique des mathématiques. — Sophismes.
Application à la syllogistique.

PARIS
IMPRIMERIE ADOLPHE REIFF
9, PLACE DU COLLÉGE DE FRANCE 9

1879

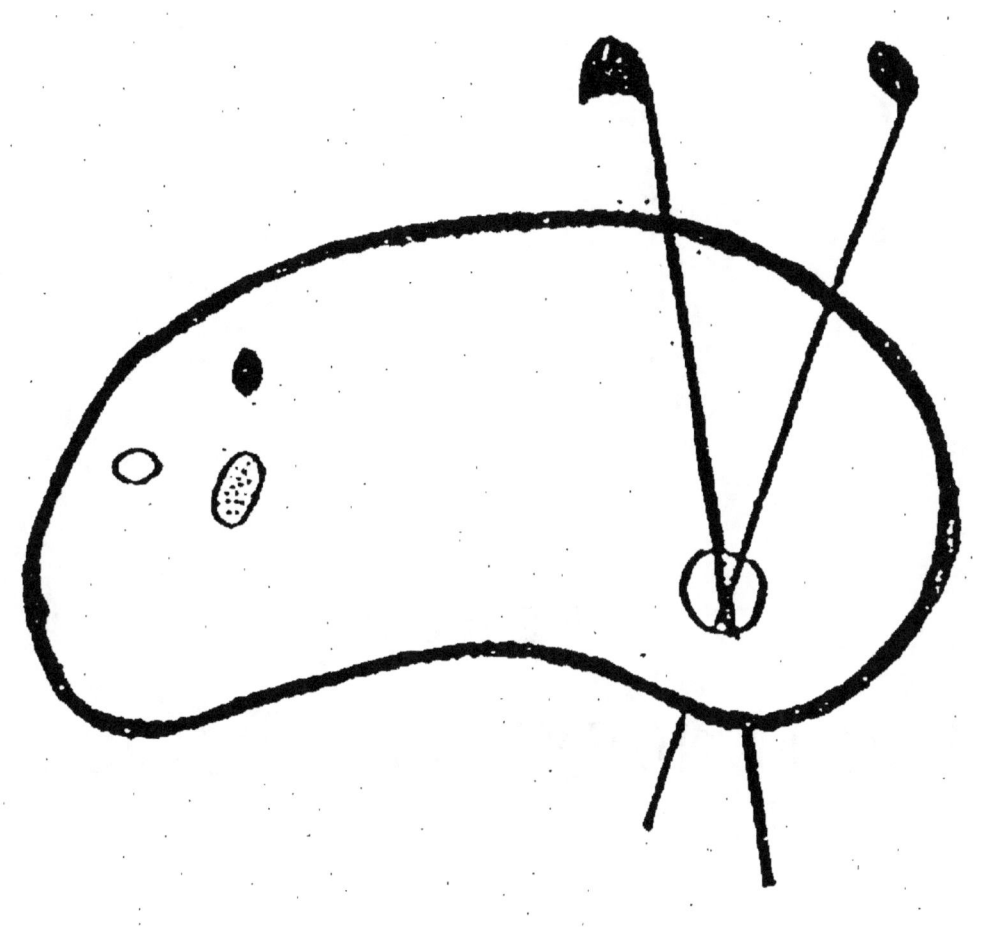

FIN D'UNE SERIE DE DOCUMENTS EN COULEUR

APERÇU
D'UNE NOUVELLE LOGIQUE

APERÇU
D'UNE
NOUVELLE LOGIQUE

PAR
L. FOUCOU

2me PARTIE

**Nouvelle analytique.
Conséquences affirmatives.
Séries réductibles, groupes, faisceaux.
Conséquences avec négation. — Sylleptiques,
Divisoires, collections concrètes, modes et genres
Raisonnement dans les fonctions logiques.
Modales — Topiques, logique des sciences
Logique des mathématiques. — Sophismes.
Application à la syllogistique.**

PARIS
IMPRIMERIE ADOLPHE REIFF
9, PLACE DU COLLÉGE DE FRANCE 9
—
1879

APERÇU
d'une
NOUVELLE LOGIQUE

IIᵉ PARTIE
DU RAISONNEMENT ET DE LA MÉTHODE

CHAPITRE PREMIER

NOUVELLE ANALYTIQUE. — CONSÉQUENCES NON MODIFIÉES. —

(Premiers Analytiques).

Cette nouvelle analytique, est, comme le reste de la logique, analogue à l'introduction de l'infiniment petit dans la géométrie, et à la méthode des imaginaires.

La logique formelle, ou rationnelle, étudie les trois catégories premières : collection, dépendance, négation, mais à l'état le plus abstrait. La dépendance domine en elle et les autres catégories lui sont subordonnées.

Il s'agit donc ici de la dépendance qui a lieu entre les formes de la pensée, relation entre une de ces formes et une autre, telle que la première entraîne la deuxième, ou que l'existence de la première entraîne celle de la seconde. Nous nommons cette dépendance *rapport de conséquence* et la proposition qui la constate se nomme simplement *conséquence*.

La conséquence peut exister entre des choses ou entre des propositions. Nous examinons d'abord celle qui a lieu entre des propositions. Elle s'exprime ainsi

$$A \setminus B$$

de A s'ensuit B, ou bien A entraîne B.

Le premier terme A est l'antécédent ; le deuxième B est le conséquent.

La conséquence est une relation non convertible. Mais on peut avoir une conséquence réciproque entre deux choses (ou propositions), telle que la première entraîne la deuxième et la deuxième la première. Alors les deux choses sont ou toutes deux fausses ou toutes deux vraies. Nous examinerons plus loin les réciproques.

La négation entre essentiellement dans le rapport de conséquence. La conséquence est vraiment fondée sur la contradiction, sur l'alternative A est faux ou A est vrai, B est faux ou B est vrai. A vrai repousse B faux et n'admet que B vrai. Mais cela compris, la négation n'apparaît pas d'abord explicitement dans les conséquences.

I. CONSÉQUENCES AFFIRMATIVES.

Nous n'avons ici d'explicite que la conséquence et la collection.

On peut d'abord poser des collections de conséquences aussi multipliées qu'on voudra. Ces conséquences ont des termes différents, mais elles peuvent avoir des termes communs ou identiques. Ici apparaît l'identité. Or l'identité n'est qu'une négation de négation. Ainsi, quoiqu'on fasse, les 3 idées premières, collection, dépendance, négation, sont inséparables ; il est vrai que la négation est d'abord non explicite.

On peut encore supposer que les termes des conséquences sont des collections.

Ce qui dans ces systèmes amène des transformations et des simplifications, c'est les rapports de négations, et en premier lieu l'identité. L'identité ne fait pas obstacle à la diversité première.

Il y a 3 manières principales de noter l'identité : 1° par un signe spécial comme nous avons vu ci-dessus, (souvent même on peut adopter le signe de l'égalité) ; 2° par la répétition du terme ; 3° en écrivant le système de façon à ce que le terme ne soit pas répété. Alors on répète seulement les relations.

Un système de relations ainsi posé (en y ajoutant le cas des négations explicites) est susceptible de transformations et de simplifications. Elles sont de deux sortes. Les premières contiennent *tous* les termes du système initial. Partant de l'une d'elles, on peut reproduire toutes les autres. Elles sont donc toutes réciproques entre elles.

Les deuxièmes le plus souvent suppriment une partie des termes du système initial ; ce ne sont que des dérivées, des conséquents de la primitive, et elles ne peuvent la reproduire.

Les premières peuvent être nommées réciproques ou synthétiques, les deuxièmes subalternes ou analytiques.

Les dérivées analytiques sont à peu près les seules employées dans l'ancienne logique. Quoiqu'elles donnent les éléments de l'induction, elles opèrent par déduction, et servent à la pratique. Mais l'ancienne logique ne procède que par élimination ; il est temps de réagir contre cette manie d'élimination.

Les premières sont cependant les plus importantes. Elles se prêtent surtout à l'expression graphique et aux schémes. On obtient ainsi une construction synthétique d'un ensemble de propositions réduit à sa plus simple expression, d'où l'on peut détacher une multitude de propositions particulières pour divers usages. Ce sont là le capital et le revenu de la science.

Série réductible.

On peut avoir une collection de conséquences, telles que le conséquent d'une première soit l'antécédent d'une deuxième, le conséquent de celle-ci soit l'antécédent d'une troisième, et ainsi de suite. On a alors une série, qui a pour relation la conséquence.

Soit $(A \backslash B) + (B \backslash C)$.

Pour exprimer ces relations sous forme typique, on écrit la série comme il suit

$$A \backslash B \backslash C.$$

La série et la réduction qui s'y opèrent peuvent avoir lieu avec un nombre quelconque de termes. Mais cette série est réductible, c'est à dire qu'on en conclura de A s'ensuit C en supprimant le terme B ou en substituant C, à B.

EXPRESSION LINÉAIRE. Cela s'exprime ainsi

$$A \backslash B \backslash C$$
$$\backslash (A \backslash C)$$

(Cette conclusion n'est point réciproque avec la primitive; c'est donc une conclusion analytique.)

EXPRESSION GRAPHIQUE. Nous pouvons donner à ceci une expression graphique.

Nous traçons, pour désigner la relation de conséquence, un trait continu le long duquel les termes sont disposés selon l'ordre de la série, l'antécédent au dessus de son conséquent immédiat.

$$\begin{array}{l} A \\ B \\ C \end{array} \Big|$$

La ligne peut être plus ou moins inclinée ; on peut même changer le sens de la conséquence, en ajoutant une flèche ou un crochet, l'antécédent étant alors au-dessous du conséquent. Mais le sens naturel de la conséquence est celui du haut en bas, celui de la gravitation ; car la conséquence peut être assimilée à la gravitation, à l'attraction.

GROUPEMENT. — Si on a une collection de conséquences dans lesquelles les antécédents sont communs, ou bien les conséquences sont communes, la forme typique à laquelle on réduit est celle du groupement.

Soit $A \backslash B$
$+ A \backslash C.$

On écrit

$A \backslash B, C.$

Une simple virgule sépare B, et C ce qui signifie que dans les conséquences ci-dessus ils sont substituables l'un à l'autre.

Dans les conséquences ainsi réduites, on peut avoir à la fois des antécédents et des conséquences groupés. Alors le nombre des conséquences que cet ensemble représente est égal au produit du nombre des antécédents par celui des conséquents.

Ainsi l'expression

A, B, C, D, E, F, G, H, I, J $\backslash$ N, O, P, Q, R, S, T, U, V, X

représente cent propositions.

Expression Graphique. Le groupement est écrit graphiquement en divisant en plusieurs branches le trait qui représente la série.

Adjonction. On peut joindre au conséquent l'antécédent groupé avec celui-ci. Cette opération est l'adjonction.

Faisceaux. — Ces deux notions, la série et le groupement, combinées entre elles donnent lieu à des formes innombrables, dont on peut examiner sommairement les lois.

Les faisceaux sont essentiellement des séries ayant des termes communs et des termes distincts.

Le faisceau complet est représenté par un fleuve divisé à son embouchure, ou mieux par un arbre.

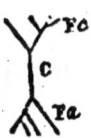

Il comprend.

1° Le centre *C.* (ou le tronc) ensemble de termes dont chacun a pour antécédent ou pour conséquent tous les autres termes du faisceau.

2° La fascicule antécédente, Fa (rameaux) comprenant les antécédents du centre.

3° La fascicule conséquente, Fc (racines) comprenant les conséquents du centre.

Il y a lieu de distinguer les termes extrêmes et les intermédiaires. Une série élémentaire est une série comprise entre un extrême antécédent et un extrême conséquent.

Le centre semble la partie la plus essentielle du faisceau, pourtant il se peut qu'il ne soit qu'hypothétique.

D'un faisceau donné on peut extraire des faisceaux partiels.

Collection de faisceaux. Ou bien ils n'ont pas de termes communs ; ce sont des *faisceaux disjoints*.

Ou bien ils ont des termes communs ; ce sont des *faisceaux conjoints*, leur ensemble forme un *système de faisceaux*.

Système de Faisceaux.

La loi générale qui les régit peut s'énoncer ainsi qu'il suit :

Tout *système de faisceaux* peut être décomposé en un certain nombre de faisceaux élémentaires, dont les centres sont disposés, de sorte que tout ou partie de chacun d'eux ait pour antécédent ou pour conséquent tout ou partie d'un autre centre. Les centres ainsi réduits, forment des chaines dans lesquelles le sens de la conséquence change d'un centre au suivant.

On détermine ainsi les centres au moyen desquels on a les relations les plus simples qui unissent les termes du système.

Centres radicaux, sont les centres ainsi réduits.

Intercentre. Chaîne qui va d'un centre radical à un centre radical voisin.

Centre de jonction. Sont les centres tels que si on les supprime, les faisceaux qu'il relient n'ont pas de termes communs.

Centres de réunion. Ceux d'où partent plusieurs chaînes de centres radicaux.

Centres interposés. Le centre interposé peut être employé dans certains cas ou supprimé, le centre étant reporté ailleurs. C'est une notion importante qui servira pour d'autres cas.

Les centres radicaux peuvent former un rayonnement, une chaîne, un cycle, appelé circuit, ou des systèmes de chaînes et de cycles.

Le nombre des centres d'un circuit doit être pair, (et l'on ne compte pas les centres interposés), car le sens de la conséquence change d'un centre au suivant.

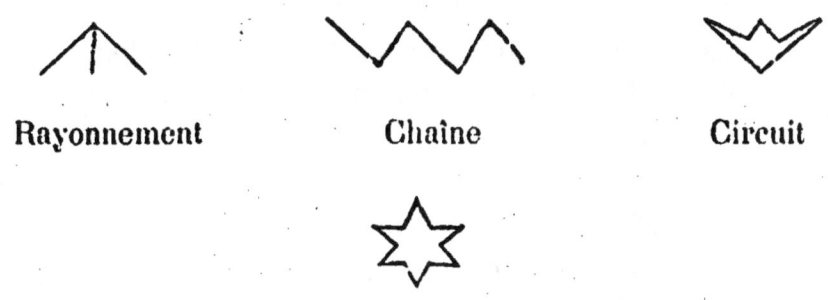

Rayonnement   Chaîne   Circuit

Dans cette figure-ci, on suppose que la conséquence est dirigée vers le centre, comme la gravitation est dirigée vers le centre de la terre.

Les circuits, ou cycles peuvent s'agréger de biens des manières. Un système de faisceaux étant posé on peut ensuite établir de nouvelles relations entre ses termes, telles que l'identité, la conséquence etc., ce qui modifie le schême de ces formes.

Il y a encore une autre forme, qui peut s'adjoindre à la précédente. C'est la forme du fuseau ou d'île. Supposez un fleuve parsemé d'îles, cela en donnera une idée.

Dans ce cas chaque centre partiel est centre du faisceau. Si l'on joint ces formes à celles qui précèdent, un seul de ces centres peut y être conservé, les autres ne sont que des centres d'interposition ou supplémentaires. La notion de *centre d'interposition* y joue donc le plus grand rôle.

C'est une forme opposée à celle des faisceaux. Si l'on y prend certaines séries inversement on a donc des cycles. Si l'on remplace la conséquence par une relation quelconque, on a des séries ou systèmes de faisceaux dont les termes sont des cycles. Les méridiens tracés sur une sphère, les systèmes de cycle se rattachant à cette forme.

Conséquences avec collections de proposition

Soit la collection de proposition $H+K+L$. Cela veut dire que toutes les propositions contenues dans cette collection sont vraies.

Les propriétés principales des collections de propositions sont les suivantes :

1° La collection de proposition est par elle-même une proposition (ce qui n'est pas vrai du groupe).

2° L'ordre des termes y est indifférent.

3° On peut former des collections de collections.

4° Elle a pour conséquent chacun des termes qui la composent, et chacune des collections qu'on peut former avec ces termes, et qui sont incluses en elle, et pour antécédent toutes les collections qu'on peut former en lui ajoutant des termes quelconques.

5° Quand dans une de ces collections une proposition est répétée, c'est comme si elle n'était écrite qu'une fois $A + A = A$.

Si une conséquence a une collection pour conséquent, d'après la 4e propriété, on peut remplacer la collection par un groupe. La collection est rompue, les termes s'isolent et deviennent indépendants; elle est donc résolue.

On peut donc diminuer comme on veut une collection conséquente.

Mais les collections antécédentes ne peuvent être transformées en groupes. La collection doit être conservée. Pour produire un résultat particulier, il faut que les termes s'associent par la collection, ce qu'exprime le proverbe : l'union fait la force.

Augmentation des antécédents. — Néanmoins on peut collectionner avec les antécédents une proposition quelconque. Cela est analogue aux constantes arbitraires du calcul intégral.

Ainsi on a :
$$\begin{array}{l} \diagdown A \diagdown B \\ \diagdown A + C \diagdown B \end{array}$$

Mais alors on n'a qu'un résultat subalterne.

Les antécédents et les conséquents ont donc des rôles profondéments distincts, souvent même opposés. Les antécédents forment des compréhensions, les conséquents marchent vers l'extension.

Ils forment un groupe d'actes indépendants qui toutefois sont ensuite reliés par une synthèse plus complète.

Recollection. L'augmentation des antécédents y donne lieu. Supposons une collection de conséquences n'ayant aucun terme commun.

L'ancienne logique dirait qu'il n'y a rien à conclure. Mais nous conclurons ainsi : de la collection des antécédents nous déduirons le groupement des conséquents. Le résultat n'est que subalterne.

$$\begin{array}{c} A \diagdown B \\ C \diagdown D \\ \hline A+C \diagdown B, D. \end{array}$$

La recollection est analogue à la puissance de l'association. Elle s'applique à toutes les formes que nous avons vues.

Il y a intérêt dans les réductions que l'on fait à avoir les conséquents les plus étendus possible, et les antécédents les plus restreints.

Antécédents mixtes. Ils sont composés de collections groupées entr'elles, avec termes communs, ou de collections ayant pour terme des groupes : La collection n'y peut être résolue ; comment peut-on les réduire à la plus simple expression ?

On y distingue l'antécédent *total* et les *antécédents élémentaires*. On nomme *élément mixte* un terme complexe tel que H + K, L, c'est-à-dire une collection avec des termes groupés. La parenthèse enveloppe les collections incidentes ; on nomme *parcelle* la collection ne contenant pas de groupement.

Il y a lieu d'appliquer ici les notions sur les fonctions complexes, et à considérer l'ordre et le rang des termes.

Cela est analogue au problème de la classification. C'est une classification d'antécédants.

Soit trois lettres J, K, L.

La 1re façon est purement linéaire.

$$(J+,), (K+,), L+,),$$
$$(J+K,), (J+L,), K+L,),$$
$$J+K+L,$$

Les groupes peuvent être formés de plusieurs termes. Quelques-uns de ces éléments mixtes peuvent manquer.

2° Notation quasi-graphique.

$$[J+, (K+[L+,]), (L+,)]$$
$$[K+, (L+,)]$$
$$(L+,)$$

On peut employer au lieu de chaque parenthèse un circuit formé d'un trait continu.

De la 1re ligne les autres dérivent par soustractions successives.

3° Notation graphique :

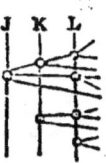

Comme un système de nerfs avec embranchements.

Cette notation pourrait aussi être écrite avec les lignes J, K, L horizontales.

Ces procédés, le 3° surtout, s'appliquent non-seulement à des antécédents avec termes communs ayant le même conséquent, mais à des antécédents ayant chacun leur conséquent propre.

A chacun des filets terminaux qui dans la notation graphique représente un antécédent élémentaire, peut correspondre un conséquent particulier.

S'il y avait des conséquents avec termes communs, on les simplifierait par une notation qui serait la contre partie de celle-ci.

Les termes communs correspondent aux facteurs communs des mathématiques.

Conséquences complexes. Elles ont lieu lorsqu'un des termes d'une conséquence ou tous les deux sont eux-mêmes des conséquences. Les termes de cette nouvelle conséquence peuvent aussi être des conséquences et ainsi de suite.

La conséquence incidente est celle qui est terme d'une autre.

Conséquences incidentes dans les antécédents. On ne peut alors réduire (que nous sachions) à une plus simple expression.

Conséquences à échelons. — Conséquence avec une suite de conséquences incidentes, la 1re antécédente de la 2e celle-ci de la 3e, etc.

$$((A \setminus B) \setminus C) \setminus D.$$

Nous la figurons ainsi.

Les conséquences incidentes peuvent être groupées ou colligées, ce qui donne une grande variété de formes.

Il y a lieu surtout de se demander, à propos de ces formes, quels sont les termes qu'on peut remplacer par leurs antécédents, quels sont ceux qui peuvent être remplacés par leurs conséquents. Il y a à ce sujet une certaine alternance. Nous reviendrons là-dessus.

Enthymématique. La conséquence incidente peut être conséquent dans la principale, ce qui donne lieu à une réduction et à un procédé important.

$$\text{Soit} \quad A \searrow (B \searrow C) \quad (1)$$

On conclut :

$$(A + B) \searrow C. \quad (2)$$

et cette conclusion est réciproque. Donc ici la conséquence complexe est ramenée à une conséquence avec antécédent collectif, forme déjà connue ; elle est donc résolue.

On peut aussi opérer la transformation inverse.

Dans la conséquence ci-dessus (2) l'antécédent A peut être mis à part, la conséquence est simplifiée, l'effort de la pensée se porte sur ce qui reste.

La proposition A est alors dite *enthymème*. Mais l'expression n'est pas peut-être très-juste ; cette mise à part peut avoir lieu dans les choses comme dans la pensée.

Si A est reconnu vrai, souvent on en fait abstraction dans le raisonnement, il est comme s'il n'était pas.

L'enthymème peut se placer à part, en avant et au-dessus ou à côté de la conséquence, avec tel signe qu'on voudra.

Si l'on répète cette opération plusieurs fois on a un ordre, une hiérarchie d'antécédents ou de principes. C'est l'application des harmoniques dans le raisonnement.

L'enthymème, la mise à part, l'abstraction est donc un procédé des plus importants.

La collection et l'enthymème sont deux opérations opposées, l'une développe et l'autre simplifie.

La recollection s'applique aux enthymématiques de deux façons; la plus importante consiste à prendre pour enthymème de la conclusion les enthymèmes des prémisses, et à former des recollections sur les conséquences qui restent. Les enthymématiques répondent à deux besoins de l'esprit, l'abstraction et la mise en ordre.

Il y a encore un cas de conséquence complexe, qui doit avoir son importance. C'est lorsque, chaque terme de la conséquence étant une conséquence lui-même, l'antécédent a des termes communs avec le conséquent.

Des réciproques. — La réciproque a lieu, avons-nous vu, lorsqu'on a deux termes, dont chacun est à la fois antécédent et conséquent de l'autre.

La réciproque peut se noter ainsi

$$A \frown B.$$

Signe symétrique, conforme à la convertibilité de la relation. Mais on peut employer le plus souvent le signe de l'égalité.

$$A = B$$

Réciprocités unilatérales.

Quand on a plusieurs propositions toutes réciproques entr'elles, on en forme un seul groupe, les faisant précéder du signe de la relation. On a ainsi
Ce qui s'appelle une réciprocité unilatérale.

$$= A, B, C, D.$$

Les termes des réciprocités peuvent se substituer les uns aux autres dans des conséquences quelconques. Quant à la conséquence, la réciprocité vaut l'identité.

Quand une série réductible devient un cycle, c'est-à-dire, quand le dernier terme y est identique au premier, la série réductible se change en réciprocité unilatérale.

Une réciprocité peut se décomposer en deux conséquences qui sont ses composantes.

La réciproque peut avoir pour terme des collections ou termes mixtes.

Si l'on conserve la réciprocité, ces collections ne peuvent se résoudre. Si l'on prend une des composantes, les collections se résolvent en groupes, mais on n'a que des résultats subalternes.

La recollection s'applique aux réciproques. De même l'enthymématique. On peut avoir des enthymématiques unilatérales réciproques.

Quand on représente une réciprocité sous forme de relation binaire, chacun de ses termes, comme en algèbre, se nomme *membre*.

Propositions soustractives.

Soit
$$A = B + C$$

On peut exprimer ainsi le rapport entre A et B.

$$A - C = B.$$

C'est là une proposition soustractive, notion que l'algèbre nous a suggéré.

Les soustractives sont censées provenir de réciproques non soustractives. Il faut donc que la proposition soustraite soit conséquente de celle d'où on la soustrait.

Néanmoins, s'il y a enthymème, on conçoit que cet enthymême soit tellement vaste que bien des propositions peuvent en être le conséquent.

Une même soustractive, ou différence logique $A - S$, peut être réciproque avec plusieurs collections non réciproques entr'elles, à cause du principe $A + A = A$. On se demande quelle est la vraie valeur de cette soustractive? Ces collections ont un conséquent commun qui donne la valeur de la différence logique.

Si on suppose que d'une proposition on soustraie cette proposition, il ne reste rien $A - A = 0$. Le rien est la négation. Cela donc nous mène aux conséquences avec négation.

CHAPITRE II

CONSÉQUENCES AVEC NÉGATION

La négation donne le mouvement, l'essor, la vie, aux fonctions logiques. Comme la négation se détruit en s'affectant elle-même, ce qui produit un cycle dynamique, par la double négation les choses reviennent à l'unité et la synthèse s'opère.

La racine des relations négatives est la *contradiction*.

Il y a contradiction entre deux propositions A et B,

Quand la vérité de l'une entraîne la vérité de l'autre, et la fausseté de la prémière entraîne la fausseté de la deuxième. Donc, indéterminément, il y en a une de fausse et une de vraie.

La contradiction est déterminée quant à son premier terme; mais, quant à son second terme, elle peut être indéterminée ou déterminée.

La contradiction indéterminée est la *négation d'une proposition* ou sa *négative*.

Cette négative s'exprime ainsi non A, ou en employant un signe spécial ¦A, barre verticale en avant et en haut de la lettre.

La contradiction déterminée, quant à son second terme ou contradiction entre deux termes, s'exprime ainsi

$$A \mid B$$

la barre verticale est agrandie et alignée avec les lettres.

Il y a relation de contradiction entre une proposition et sa négative.

La contradiction a une valeur *singulière*. Elle ne détermine, quant à son second terme, qu'une seule proposition négative ou ses réciproques. De même la série, quant au troisième terme. C'est ce qui exprime le principe de contradiction, assez connu pour que nous n'y insistions pas.

Mais cette négative peut être très complexe ou former une collection, décomposable en un grand nombre d'autres propositions, chacune de celles-ci lui étant subordonnée.

La négation de la négation équivaut à une affirmation non non A vaut A. Donc, deux négations qui se suivent et s'affectent, s'effacent et se suppriment. C'est ce qu'indique le proverbe : *Deux négations valent une affirmation*. On pourrait donc employer le signe de la double négation ‖ pour désigner l'affirmation, l'identité ou la réciprocité. Ces deux négations forment un cycle d'où les autres dérivent.

Réversion. — Dans une conséquence quelconque la négation du conséquent entraîne celle de l'antécédent, ce qui donne lieu à la réversion. Elle consiste en ce que d'une conséquence quelconque on en conclud une autre entre les mêmes termes rangés dans un ordre inverse et pris négativement.

La conséquence obtenue est dite la réversive de la première. Si on opère sur la réversive comme sur la primitive, on retrouve celle-ci. La relation de réversion est donc convertible et réciproque.

Les deux conséquences sont réversives entr'elles.

$$(A \searrow B) = ({}^{!}B \searrow {}^{!}A)$$

La démonstration par l'absurde s'opère au moyen de la réversion.

Si un seul des termes de la conséquence est pris négativement par la réversion, on retrouve la même forme, les lettres ne font que changer de place, la combinaison des signes reste la même.

Contrariété. — Quand la négation est seulement dans le conséquent, $A \searrow {}^{!}B$, il y a relation de contrariété entre les deux propositions. A et B sont contraires entr'elles, relation dont l'importance est connue.

La contrariété étant la relation de négation la plus ordinaire, s'exprime en plaçant le signe de la négation entre les lettres ainsi A | B.

A est contraire à B.

La contrariété est convertible.

Subcontrariété.. — Si l'antécédent seul est pris négativement de non A s'ensuit B, il y a entre A et B *subcontrariété*, A et B sont *subcontraires*. Relation moins importante qui est convertible aussi.

La réversion s'applique aux séries réductibles, aux réciproques.

On peut en considérer l'effet dans les groupes, systèmes de faisceaux et autres formes que nous avons vu.

Avec une conséquence, ou avec des négations, on obtient les quatre relations que la syllogistique considère quant à l'opposition des propositions, savoir : la subalternation (conséquence), la contradiction, la contrariété, la subcontrariété, en 3 voilà négatives. Cela donne l'idée de ramener la 1^r aussi à être négative.

Quand dans une ensemble de conséquences ayant des termes communs un même terme est pris avec différentes qualités, ici affirmé, là nié, il y a lieu de voir les réductions à opérer.

Chaînes des contradictoires et des contraires. Chacun des termes y est ou contradictoire ou contraire avec celui qui le précède. Cette théorie est très-importante, et nous l'appliquerons au syllogisme.

Quand dans ces chaînes, certains de ces termes sont passés sous silence, et que les relations intermédiaires seules sont écrites on a des *chaînes tacites.* C'est sur ces chaînes que les réductions peuvent s'opérer.

$$A \mid \mid \mid \mid \mid \mid \mid \mid B$$

Ce qui se fait en supprimant plusieurs de ces signes.

Cette réduction a simplement deux règles :

1re règle. *Deux contradictions qui se suivent,* ∥ *se suppriment.* C'est le proverbe deux négations valent une affirmation.

2e règle. *Quand on a une contradiction entre deux contrariétés, on supprime une contradiction et une contrariété. Une seule contrariété reste.*

Démontrons cette règle à cause de son importance.

$$A \mid B \mid C \mid D$$

exprimée sous forme de conséquences revient à

$$(A \diagdown B)+(B = {}^{\mathfrak{l}}C)+(C \diagdown {}^{\mathfrak{l}}D)$$

Substituant dans la 1re à B sa réciproque non C nous aurons de A s'ensuit non non C et par la 1re règle A∖C. Nous avons donc la série réductible

$$A \searrow C \searrow^1 D$$
d'où, $\qquad A \searrow^1 D$
c'est-à-dire, $\qquad A \mid D$

ce qui était à démontrer. Ces chaînes simplifiées sont *des chaînes radicales*. Elles peuvent être entr'elles subalternes, contraires, réciproques, etc., on peut aussi former avec les chaînes des systèmes de faisceaux.

Cycles. On peut avoir aussi des cycles fournis par de pareilles chaînes, dont le dernier terme est identique au premier. On a de pareils cycles, si on adjoint à une de ces chaînes sa conclusion prise en sens inverse. Le tout donne lieu à une théorie assez complexe où il y a d'intéressants théorèmes ; mais nous ne l'aborderons pas ici.

Les réciprocités à termes groupés ou réciprocités unilatérales peuvent avoir des termes pris négativement. Dans ces réciproques, quelle que soit la qualité des termes on peut changer cette qualité, prendre *à la fois* les négatives de tous les termes sans que la réciprocité ait changé.

Conséquence avec Négation et Collection.

On peut avoir dans les conséquences des collections avec des termes affectés de négation, et aussi des négations de collection.

Si l'antécédent est collectif, en révertissant on obtient pour conséquent une *négation de collection*.

La *négation de collection* ou *non collection* est par ex. :

$$\text{non} \quad (H + \cdot + S + K)$$

Celà signifie que l'ensemble de ces propositions n'est pas vrai, et qu'une des propositions est fausse.

Propriétés principales des négations de collections.
Propriétés communes avec les collections.

1° La non collection est par elle-même une proposition complète.

2° L'ordre des termes y est indifférent.

3° On peut ajouter aux termes qu'elle contient tous ceux qu'on veut ; mais alors on n'obtient que des résultats subalternes.

4° On peut remplacer un terme quelconque par sa réciproque ou par son antécédent ; (dans ce dernier cas résultat subalterne). Les non collections représentent donc surtout des antécédents.

5° On peut réduire un ensemble de non collections à termes communs comme les antécédents, et former des termes mixtes.

6° On peut effacer les répétitions de termes.

Propriétés spéciales.

1° La non collection ne nie en particulier aucune des propositions qui la composent.

2° Si on affirme une partie de la collection niée, l'autre partie devient fausse. C'est une sorte d'enthymématique. Par cette opération répétée, la non collection se restreint de plus en plus, ce qui permet de prendre enthymématiquement des termes ou des collections partielles.

3° Si l'on a deux non collections ayant même terme pris avec des qualités différentes : ici affirmé, là nié, on réunit les deux collections en une seule, en effaçant ces termes.

Propriété importante.

$$\text{non} \quad (A + B)$$
$$+ \text{non} \quad (B + D)$$

nous donne non $(A + B)$

Si dans une non collection on a deux termes contradictoires groupés, on peut effacer ces contradictoires, ce qui est une sorte d'induction.

Indiquons brièvement les théories qui se rattachent à cette forme.

Non collection dans les conséquences.

Dans les antécédents, les collections disparaissent et on obtient des antécédents mixtes avec des termes affectés ou non de négation, selon leur rang ou leur ordre. On a pour résultat des groupes et des collections.

Dans les conséquents, il n'en est pas de même. Si l'on revertit, on obtient un antécédent mixte comme ci-dessus ; en révertisant de nouveau, l'antécédent mixte de l'ordre devenant conséquent est affecté de négation.

Introduction dans les séries réductibles de conséquences avec non collections.

Recollections.

Conséquence sous forme de contrariétés. — Prenant la contradiction du conséquent, on peut mettre toutes les conséquences en général sous forme de contrariétés.

Par là on fait disparaître toutes les non collections qui étaient dans la conséquence. Il ne reste tout au plus que des termes mixtes.

Chaque membre de la contrariété représente un antécédent et jouit de ses propriétés. La contrariété exprime le rapport logique entre les conséquences d'un même couple de réversives.

Contrariétés à termes colligés.

$$A+B \mid C+D = A \mid C+D+B$$

Transport des termes. — Quand on a une contrariété à termes colligés, on peut transporter un terme d'un membre dans l'autre en le colligeant avec celui-ci.

Le transport a lieu sans changer la qualité du terme.

Ce transport a lieu de bien des manières. Donc si on collectionne tous les termes de la contrariété et si on partage cette collection d'une façon quelconque en deux parties, l'une de ces parties sera contraire à l'autre.

Contrariétés unilatérales. — Cela amène à écrire les contrariétés d'une autre façon et à concevoir des contrariétés unilatérales, tous les termes étant dans un même membre. De même que nous avons eu des réciprocités unilatérales, de même qu'en mathématiques on ramène tout au premier membre, le deuxième étant zéro.

Au lieu de $$A + B \mid C + D$$

Nous écrirons donc :
$$\mid (A + B + C + D)$$

Ce qu'il y a de curieux, c'est qu'une contrariété unilatérale équivaut et aboutit à une non collection.

Les propriétés des contrariétés unilatérales sont tout à fait les mêmes que celles des non collections énoncées plus haut. Cela permet d'écrire les non collections sous forme de contrariétés unilatérales.

Il y a pourtant entre ces deux formes une nuance. La non collection n'exprime qu'un fait. La contrariété est une sorte de nécessité ; il y a ici une modalité. Mais souvent on n'en tient pas compte. Il n'y a pas lieu d'insister ici là-dessus.

Du reste, on peut dire que la contrariété unilatérale, ou la non collection, signifie qu'une collection équivaut à rien ; ce qui les rapproche des équations mathématiques. On a ainsi :

$$A + B + D = 0$$

Le signe 1 peut être considéré comme un 0 contracté. le résultat est subalterne.

Quand deux contrariétés unilatérales ont un terme commun pris avec des qualités différentes, ce terme peut être éliminé, et l'on ne forme qu'une seule contrariété avec les autres termes.

Quand, avec les termes contradictoires, sont groupés d'autres termes, on a ce que nous nommons contrariétés à groupes s'excluants ou à groupes balancés ; mais cela nous paraît secondaire.

Cela nous mène à considérer l'absurde.

Conséquences et collections absurdes. — Une conséquence est absurde lorsque le conséquent a des termes contradictoires entre eux (ou contraires), ou lorsque le conséquent est contradictoire (ou contraire) à l'antécédent.

Quand des contradictions sont colligées dans l'antécédent, la conséquence ne peut servir.

Une collection est absurde quand elle contient deux contradictoires ou deux contraires.

Nous distinguons aussi l'absurde actuel et l'absurde virtuel.

L'absurde donne lieu à des considérations logiques et métaphysiques très intéressantes, dans lesquelles nous ne pouvons entrer ici.

C'est un procédé important de raisonnement ; c'est comme un ressort, comme la dissonance en musique, qui mène à d'autres notions.

En mathématiques, l'impossible dérivé de l'absurde donne les négatives, les fractions, les incommensurables, les imaginaires.

L'opération qui amène le plus souvent l'absurde est la recollection.

Opérations dans les contrariétés unilatérales. — Les contrariétés unilatérales étant une forme des conséquences, sont susceptibles d'opérations correspondantes à toutes celles qu'on effectue avec les conséquences.

Les séries réductibles peuvent être mises sous forme de contrariétés unilatérales, et traitées par élimination.

La recollection donne lieu à une contrariété formée d'une collection et d'un groupe, dans lequel les termes du groupe peuvent permuter avec les termes correspondants de la collection ; de sorte que la collection peut se changer en groupe, et réciproquement.

C'est la *contrariété à réversion divisée*.

La contrariété unilatérale, en effet, contient réunis des antécédents et des conséquents, mais à l'état indéterminé. La contrariété unilatérale est une forme typique et, sous certains points de vue, supérieure à la conséquence.

La recollection opère aussi sur des contrariétés à termes mixtes : mais cela demande des précautions pour conserver la trace des permutations qu'on peut opérer sans les exprimer explicitement.

Contrariétés enthymématiques. — Prenant à part plusieurs termes de la collection, on peut en former une enthymème.

L'enthymème peut être mis sous forme de série, en disposant hiérarchiquement les termes.

Recollection enthymématique. — Opération encore plus compliquée.

Ainsi, bien des opérations ici peuvent avoir lieu et se combiner entre elles. Néanmoins, elles ont un rang d'importance. La recollection passe avant l'élimination et donne des résultats plus étendus, et si l'on opère l'élimination après la recollection, on a des résultats plus étendus que si on l'opérait avant. Ainsi l'élimination, si chère aux anciens logiciens, qui n'ont d'yeux que pour elle, est, en réalité, le dernier des moyens de conclusion.

D'ailleurs la recollection (ou plutôt la collection) et l'élimination sont opposées : l'une développe et l'autre simplifie. Si l'on scinde une contrariété unilatérale pour former une bilatérale, l'un des membres est à l'égard de l'autre un *complément de contrariété*.

A une contrariété, on peut ajouter des termes *arbitraires* ou *superflus*.

Il peut y avoir aussi, pour certaines conclusions, des termes arbitraires ou superflus qu'on peut supprimer quand on veut.

Contradictions et réciproques, avec négations à termes mixtes.

Les contradictions à termes mixtes se décomposent en deux contrariétés élémentaires ou composantes. Les réductions qu'on fait sur l'une sont différentes en général de celles qui ont lieu sur l'autre. On peut n'avoir besoin que de l'une d'elles. Alors il y a lieu de prendre plutôt celle où il y a le plus de termes groupés. Ainsi la contradiction produit la collection et le groupement.

Réciprocités négatives avec des négations de collection. — La faculté de transport d'un membre dans un autre n'existe pas dans les réciproques négatifs ou les contradictoires, mais seulement dans les contrariétés qui s'en déduisent.

On étudiera aussi la non collection dans les systèmes de faisceaux.

Arrivons à des formes plus complexes.

CHAPITRE II
DES SYLLEPTIQUES

Les sylleptiques consistent en une collection idéale nommée syllepse, sur laquelle on émet diverses affirmations.

Leur caractère essentiel est : 1° de franchir les bornes de la dualité en introduisant la pluralité des relations ;

2° de donner à tous les termes employés le même rôle, de sorte qu'ils puissent permuter entre eux. La pluralité dont il s'agit est d'abord définie et limitée ; mais on conçoit que, dans certains cas, cette pluralité puisse être indéfinie et qu'on puisse s'élever à l'universalité elle-même.

On aura donc : 1° la syllepse, collection idéale, par laquelle divers termes sont réunis dans l'esprit sans qu'on affirme d'abord rien sur leur réalité.

soit $\quad\quad\quad$ ┼(A,B,C,D)

On émettra ensuite sur les termes de cette collection diverses affirmations (constantes ou passagères).

On dira donc :

1° Qu'elles sont toutes vraies ou toutes fausses ; ou, posant les négatives :

Qu'il y en a quelqu'une de vraie ou quelqu'une de fausse.

2° On pourra établir entre deux termes quelconques de la syllepse une relation logique. Ils seront ou subalternes, ou réciproques, ou contraires ou subcontraires.

Ainsi la disjonction est une sylleptique, où tous les termes sont contraires entr'eux.

3° On peut ensuite combiner les affirmations du premier genre avec celles du deuxième genre, en posant par ex. que les propositions sont toutes contraires entr'elles et qu'il y en a une de vraie, c'est ce qu'on appelle la *divisoire*, forme de la plus haute importance.

De là des formes nombreuses de sylleptiques. On les note de plusieurs manières, soit en faisant suivre la syllepse des signes des relations qui la constituent, soit en séparant les termes par un signe spécial indiquant ces relations pour chaque syllepse, soit en écrivant suivies des mêmes signes.

Donnons ces relations pour la divisoire seulement.

$\quad\quad$ +(A,B,C,D) $\quad\quad\quad$ (A | B | C | D) | S |

elles sont contraires entr'elles, et il y en a une de vraie.

On étudiera les rapports logiques de ces diverses formes appliquées à la même syllepse.

La contradiction ne donne lieu qu'à une sylleptique à deux termes.

Les sylleptiques comprennent des formes que nous avons déjà vues : la collection de proposition, la non collection, la contrariété et la réciprocité unilatérales.

Il se peut que dans une syllepse une partie des termes soit affectée de négation. La syllepse se divise alors en deux. On a ainsi des syllepses partielles.

Une syllepse étant donnée, on peut concevoir la même syllepse avec les termes pris néga ement ce qu'on peut appeler l'ombre de la syllepse. S'ils ne sont niés qu'en partie on aura donc une pénombre.

On considère les différences et les rapports logiques qu'ont entr'elles prises abstraitement les relations qui constituent ces syllepses ; c'est une étude plus générale qu'on abordera mieux plus tard.

LES DIVISOIRES.

La principale de ces sylleptiques, celle à laquelle nous rapportons les autres, est ce que nous nommons la *divisoire*. Elle a lieu, lorsque plusieurs propositions étant toutes contraires entr'elles, il y en a une de vraie.

Ce mot de divisoire n'exprime que le côté analytique de cette forme ; car c'est la forme même de l'analyse ; mais la divisoire a aussi une fonction synthétique, et on pourrait également la nommer la *synthétique*.

La divisoire est une disjonctive. Toutes les propositions qu'elle contient sont contraires entr'elles ; mais elle est complète. Elle ne laisse échapper aucune chance d'arriver au vrai.

Nous avons vu comment on note la divisoire, on sépare

les termes par de grandes barres verticales qui descendent au-dessous des lettres.

$$A \mid B \mid C \mid D$$

Si à une disjonctive on ajoute un complément hypothétique R on a une divisoire.

Les divisoires ci-dessus sont nommées absolues. Les divisoires absolues sont toutes réciproques entr'elles.

Les disjonctives peuvent être considérées comme des différences entre le vrai total et leur complément. Le vrai total s'exprimera par un grand V ou un grand O.

DIVISOIRES A TERMES GROUPÉS.

Les termes groupés ensemble sont ici réciproques entr'eux. Dans les divisoires le groupement (si les termes ne sont pas colligés avec d'autres) vaut la réciprocité, et vice-versa. On exprime le groupement ou à la façon ordinaire, ou mieux en mettant simplement les termes les uns au-dessous des autres, auprès de la même barre verticale.

DIVISOIRES AVEC NÉGATION, DIVISOIRES PARTIELLES, DIVISOIRES RELATIVES.

La divisoire peut se scinder elle-même en plusieurs parties. Soit dA et dH. Nous supposons la contrariété entre les termes de la divisoire totale mise hors de contestation, ou prise *enthymématiquement*.

Si le terme vrai est dans une partie dA il ne sera pas dans l'autre dH. Nous donnerons à dA le nom de *divisoire partielle* ou *relative*. La divisoire absolue sera la *divisoire totale*. Nous dirons que la divisoire partielle dH est niée. Il y a rapport de contradiction entre dA et dH à priori.

S'il y a plusieurs divisoires partielles ces divisoires sont contraires entr'elles, elles sont des antécédents de la divisoire totale. Chaque terme est de même un antécédent de la divisoire. On peut considérer des divisoires partielles ayant des termes communs. Ces termes sont les antécédents communs de ces divisoires. Si deux divisoires partielles sont telles que tous les termes de l'une soient termes de l'autre, la divisoire la moins étendue est antécédent de la divisoire plus étendue.

On note la divisoire partielle (la totale étant exprimée comme ci-dessus) par une barre horizontale continue ou discontinue, soulignant tous les termes compris dans cette partielle. On peut ensuite lui affecter une lettre pour la désigner synthétiquement.

Quand un terme est négatif dans une divisoire, soit non H, ce terme pris affirmativement, soit H, équivaut à son complément c'est-à-dire à la divisoire partielle comprenant le reste des termes de la primitive.

De même la négation d'une divisoire partielle équivaut à son complément.

Si sous les termes sont négatifs ces termes pris positivement sont subcontraires entr'eux ; ce qui donne lieu à une forme spéciale, la *subcontrariété sylleptique*. Donc la subcontrariété sylleptique équivaut à une divisoire et il y a avantage à l'exprimer sous cette forme.

On peut donc avoir des divisoires subalternes, contraires et réciproques. On peut établir entr'elles des cycles, des systèmes de faisceaux.

Quand on a des divisoires, ayant un même nombre de termes, si tous les termes moins un de la première sont réciproques chacun avec un terme de la deuxième, le dernier terme de la première le sera avec le terme restant de la deuxième.

Divisoires avec collections.

C'est la partie la plus difficile de cette théorie.

soit
$$A+B+C \overset{K}{|} H | X$$

ou K équivaut à A+B+C.

Quels sont les rapports qui lient chacun des termes de K à un autre terme de la divisoire et à la divisoire totale ? A a pour antécédent K qui est contraire à H et qui est antécédent de la divisoire totale. Mais cela n'explique guère les choses.

A, B, C sont des conséquents de K, mais les divisoires partielles comprenant K et plus étendues que lui sont aussi des conséquents de K. Il y a donc lieu de supposer que les termes A, B, C, désignent, mais indéterminément chacune une de ces divisoires partielles plus étendues. D'ailleurs ces collections peuvent provenir comme nous le verrons tantôt, de combinaisons de divisoires.

Cette collection dans les divisoires donne lieu à des considérations très-intéressantes. Indiquons en brièvement quelques-unes.

La divisoire forme elle-même une sorte de collection, et l'expression de cette divisoire ne peut avoir lieu que par une collection sériée. Les termes de cette divisoire peuvent donc être considérés symboliquement comme ajoutés entr'eux. Cette addition symbolique doit être interprétée. On dira qu'ils sont *ajoutés divisoirement*, c'est-à-dire à condition que sous un certain rapport le nouveau terme soit contraire à tous ceux qui le précèdent et auquel il est ajouté.

On peut ainsi *ajouter, soustraire divisoirement* des termes ou des divisoires relatives.

Mais si un des termes est une collection, cette collection *sous un autre rapport* peut être considérée comme semblable à la première c'est-à-dire former une divisoire où les termes sont contraires entr'eux. Mais les points de vue ici ne sont pas les mêmes.

Ces deux points de vue paraissent être ceux de la compréhension et de *l'extension*. De là dérive la distinction du *mode* et du *sujet*. Le principe de contradiction pose que le mode a et le mode non a ne peuvent exister dans le même sujet et le même temps ; donc ils peuvent coexister dans des sujets différents et des temps différents. On a donc des divisoires intensives, et des divisoires extensives.

Cela correspond en mathématique à la distinction de l'élément et de la somme, de la différentielle et de l'intégrale.

D'ailleurs par la combinaison, les termes d'une collection peuvent devenir termes d'une divisoire, et ceux de la divisoire, termes de collection.

Quant à des divisoires avec des collections pour termes, on peut opérer sur ces divisoires la recollection et l'enthymème.

On peut établir sur les divisoires d'autres hypothèses ; on peut supposer que les termes au lieu d'être symétriques et égaux forment des séries indéfinies ou des cycles, ou encore des systèmes de faisceaux et des cycles de cycles.

La divisoire cyclique se note graphiquement par un cercle dont les rayons composent les termes.

DIVISOIRES RÉCIPROQUES.

On effectue sur elles plusieurs sortes d'opérations.

Opérations par développement.

Répartition. Dans une divisoire on peut ajouter un terme quelconque R à chacun des termes.

Soit deux divisoires vraies. La deuxième ayant moins de termes que la première, on peut ajouter chaque terme de la deuxième à des termes de la première, de sorte qu'il n'y en ait pas dans la première qui ne soit colligé avec un de la deuxième.

C'est la RÉPARTITION.

La répartition ne s'ensuit pas des primitives.

COMBINAISON. Soit deux divisoires quelconques réciproques. On ajoute chaque terme de la deuxième à chaque terme de la première. C'est la COMBINAISON, opération qui développe vraiment les deux divisoires. C'est le germe de la multiplication mathématique.

Le nombre des termes de la combinaison est égal au produit du nombre des termes dans les primitives.

Les deux divisoires réciproques étant posées, la combinaison s'en ensuit et elle est réciproque avec les primitives.

$$R \mid S$$
$$V \mid T$$
$$RV \mid SV \mid RT \mid ST$$

Pour abréger on peut supprimer dans les divisoires le + de ces collections, ce qu'autorise l'analogie de ces collections avec les produits mathématiques. Puis en logique, on supprime les signes toutes les fois qu'on le peut.

On peut examiner des cas plus complexes. Tel serait celui-ci par ex.

$$\begin{array}{c|c} K & L \mid M \mid N \\ A+B+C & \\ R \mid S \mid T & \end{array}$$

Tel est encore le cas où l'on a des termes mixtes.

Les termes mixtes avec négation de termes donnent lieu à une divisoire complexe. C'est l'extension du problème des antécédents mixtes.

On peut employer alors une notation graphique analogue à la troisième notation indiquée pour ce problème.

Soit les trois lettres J, K, L.

Les traits qui représentent ces lettres bifurquent. La ligne à droite indique le terme pris positivement, celle à gauche indique le terme nié. On a ainsi :

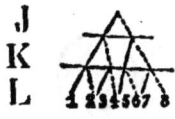

On voit comment la notation se modifie.

Ce cas a été très-étudié par les logiciens anglais Boole et Stanley Jevons. Les termes numérotés ci-dessus sont les constituants de Boole. Le terme 4 par ex. équivaudra à J, 'K, 'L.

Si l'on disjoint les traits élémentaires on a un tableau semblable à celui de M. Stanley Jevons.

Opérations par simplification.

MISE A PART DES TERMES COMMUNS.

On peut mettre à part le terme commun à plusieurs alternatives. Il est réciproque avec la divisoire comprenant ces alternatives. C'est la forme la plus simple de l'induction.

C'est une opération analogue en algèbre à la mise d'un terme en facteur commun. On l'écrit de plusieurs manières, soit le mettant avant la divisoire et suivi du signe +, soit l'écrivant au-dessus ou au-dessous de la divisoire avec une barre, le séparant de cette divisoire.

C'est là évidemment une enthymématique.

$$HA \mid HB \mid HC$$
$$H + (A \mid B \mid C)$$

$$\frac{A \mid B \mid C}{H}$$

On combine aussi les opérations par développement, et celles par simplification.

Ainsi la divisoire peut venir d'une notion unique, et converger aussi vers une autre notion. C'est ce qu'on exprime en donnant à cet ensemble la forme d'une sphère.

Là sont réunies la déduction et l'induction.

APPLICATIONS.

La théorie des divisoires a des applications nombreuses et importantes. Voyons les principales.

Elle s'applique d'abord à l'étude des modes, des genres et des espèces. La réunion des espèces distinctes du genre est une divisoire.

Les notations que nous employons s'appliquent à la méthode de division de Platon, aux exemples qu'il en a donnés, à la controverse entre Platon et Aristote au sujet de cette méthode, à celle d'Aristote pour la recherche des moyens termes.

On l'applique aussi au tout et à la partie, à la collection concrète ; les parties ne sont que des divisoires partielles.

Cela permet de représenter graphiquement ces divisoires par des figures géométriques. Les points de ces figures sont les termes premiers indivisibles d'une divisoire. Les parties ou aires sont des divisoires partielles.

Cette représentation a des avantages spéciaux dans les cas particuliers par ex. Les divisoires partielles réciproques à des collections, les divisoires ou contradictions à termes mixtes.

Cela fait pressentir que la théorie des divisoires est applicable au calcul intégral, les aires étant des intégrales.

Cette théorie agrandie et développée donne lieu à la vaste théorie des connexions, que nous aborderons plus tard.

Un sujet littéraire se divise en plusieurs parties, division qui peut être à la fois abstraite et concrète.

INDUCTION. Les principes et les notations des divisoires servent à la théorie de l'induction. On représente ainsi d'une façon concise, les diverses formes de l'induction telles que M. Bain les énonce d'après Stuart Mill.

Elles éclairent les rapports de l'induction et de la déduction, déjà posés par Aristote. Dans l'application de l'induction aux faits de la nature, il y a à la fois déduction et induction. On n'observe qu'un nombre de cas limité ; ces expériences limitées suffisent parce que chacune d'elles est le chef de de file d'un nombre indéterminé de faits ; à chacune d'elles s'applique de la constance des lois de la nature, à leur réunion l'induction purement logique. Mais l'induction a aussi un coté transcendant que nous ne pouvons expliquer ici.

ARITHMÉTIQUE ET ALGÈBRE.

La collection des unités indivisibles finies ou infiniment petites est évidemment une divisoire, et les opérations algébriques naissent des propriétés des divisoires partielles. On montre aussi comment les opérations du calcul sont produites par la combinaison de la collection et du groupement. La collection est compréhension. Le groupement donne lieu à une extension, qui produit une divisoire d'un autre ordre.

Les opérations inverses sont assujetties à la forme cyclique. Elles donnent donc lieu à des divisoires cycliques.

Probabilité. Chaque chance indivisible est un élément premier de divisoire. La probabilité peut être figurée par un vase contenant des petites boules.

Les applications suivantes nous ramènent à la logique pure.

COLLECTIONS CONCRÈTES.

Les collections concrètes sont des sortes de divisoires. Elles sont supposées formées d'éléments simples. Pour considérer leurs rapports, on se met au point de vue de ces éléments simples. Elles ont des rapports d'inclusion ou d'exclusion suivant qu'elles ont ou non des termes communs. a est inclus dans b quand tous les éléments simples de a sont éléments de b, a est exclu de b quand aucun élément de a n'est élément de b. Il se peut encore qu'elles aient des éléments communs, chacune ayant des termes propres.

On les figure par des aires.

THÉORIE DES MODES ET DES GENRES.

Une collection peut être déterminée par les manières d'être de ses termes. Chaque terme ou collection est sujet et les relations inhérentes à ce terme sont des modes. Nous désignons les sujets par les lettres latines a, b, c, d, et les modes par les lettres grecques α, β, γ, δ.

On peut avoir entre des modes toutes les relations qu'on peut avoir entre les propositions. Ainsi on aura des conséquences de modes, des séries de modes etc. Ces relations ont lieu entre les modes appartenant à un même sujet.

Le genre est la collection de sujets ayant le même mode. On le note en faisant précéder le mode des lettres ϱ ou Σ qui signifient somme ou collection, ainsi S α ou simplement par les lettres latines a, b, c.

La théorie des collections concrètes s'applique aux genres.

On a ici une loi importante. Les rapports d'*inclusion* entre les genres sont inverses des rapports *de conséquence* entre les modes. C'est le principe scolastique : la compréhension est inverse de l'extension.

Mais si l'on passe aux relations négatives d'exclusion, il n'en est plus de même. Quant aux *relations négatives*, *les rapports entre les genres sont les mêmes que les rapports entre les modes*. La négation donc rend les relations logiques *uniformes*.

Le genre donne lieu à deux sortes de collections : la collection comprenant les sujets de tel genre joints à ceux de tel autre ; ou bien, et c'est la principale, la collection comprenant les sujets communs à plusieurs genres.

La conséquence modale $\alpha \setminus \beta$ n'est autre que l'universelle affirmative de l'école ; $\alpha \mid \beta$ est l'universelle négative.

Quant aux collections de modes, on doit distinguer si les modes sont pris hypothétiquement. Le mode simple est réel. Mais le mode composé peut être impossible ou n'exister dans aucun sujet.

Il y a des modes de modes. Le mode conserve une indétermination qui peut être restreinte par des déterminations postérieures.

Des problèmes intéressants se soulèvent à propos des

modes de modes ; mais nous ne pouvons entrer dans tout ce détail.

SYLLEPTIQUES DE MODES.

Aliatives, restrictives, exceptives, totales, partitives.

Nous avons ici d'un coté une collection de sujets qui peut être co-réelle, et de l'autre une réunion sylleptique de modes. Nous examinons les adaptations des modes de la réunion aux termes de la collection.

Aliatives. Elles ont lieu quand on a une collection de sujets, et qu'on affirme certains modes des uns, d'autres modes des autres.

C'est une répartition entre deux divisoires, l'une de sujets l'autre de modes. On emploie alors les expressions l'un, l'autre, les uns, les autres, les uns, d'autres, les autres.

Au nombre de ces modes peuvent se placer des modes pris avec des qualités opposées.

Les aliatives sont indéterminées ou déterminées.

Le cas des divisoires est celui d'une aliative indéterminée, dans lequel les modes répartis sont l'existence et la non existence.

Il serait bon d'avoir des notations commodes pour exprimer ces divers cas.

Il y a d'autres aliatives par lesquelles on dit que tels déterminans de deux fonctions, sont des termes distincts.

Restrictives. — Les *restrictives* et les exceptives sont essentiellement déterminées.

Si l'on pose les *a* qui sont *b* sont *d*, les *a* qui sont non *b* sont non *d*, c'est comme si on disait les *a* qui sont *b* seuls sont *d* ; on restreint à *b* les adjonctions qui amènent *d* ; on a une restrictive.

Dans cet exemple des deux modes *a* et *b* l'un est subordonné à l'autre ; on peut avoir une restrictive avec réciprocité entre les termes.

La restrictive s'exprime en faisant suivre les termes dont on restreint l'affirmation du signe ϶.

Un autre genre de restrictive pose que sur une collection de choses, une, ou deux ou trois seulement indéterminement peuvent avoir telle propriété.

On peut aussi poser la restrictive seulement au point de vue de la certitude.

La restrictive fonde la compréhension.

EXCEPTIVE. Elle a lieu quand on a tout *a* qui est non *b* est *d* ; et tout *a* qui est *b* est non *d* c'est comme si on disait, tout *a* est *d* excepté l'*a* qui est *b*.

C'est la restriction dans laquelle la négation a pris place de l'affirmation et vice versâ.

Ces deux formes pourraient aussi s'exprimer par une réciprocité fonctionnelle d'adjonction. On aurait ainsi :

$$a + (b = d) \text{ restrictive}$$

$$a + (b \mid d) \text{ exceptive.}$$

L'exceptive s'exprime en mettant devant le terme excepté le signe de la restrictive retourné (qui est une sorte d'϶.

On l'exprime plus simplement par le signe de la soustraction $x - b$ est ϶.

Car l'exceptive revient à une soustraction. Par là, les notations sont simplifiées.

Un cas curieux se présente ici ; c'est le cas d'exception d'exception etc, il est aisé à traiter. Il en résulte une forme ou les signes + et — alternent.

$$x (-б (-γ (-δ = x + б - γ + δ.$$

Il y a lieu encore ici à distinguer l'exceptive, quant à la certitude.

Bien de cas complexes pourraient être étudiés ici.

L'exceptive a une grande importance. Il n'y a pas de règles sans exceptions. Cela se dit surtout des lois naturelles et sociales. Mais dans les mathématiques mêmes l'exception joue un grand rôle. Les points singuliers des courbes, les solutions nulles ou infinies des équations et des dérivées sont des exceptions. L'exception ouvre la porte aux négatives et aux imaginaires. L'exception donc produit l'extension et la transcendance même.

TOTALES ET PARTITIVES

Quand on a un ensemble de sujets et une collection de modes; on peut affirmer les mêmes modes de tous les sujets, c'est là une totale, on faisant une partition dans les sujets, n'affirmer, soit déterminément, soit indéterminément un mode simple ou composé que d'une partie des sujets. C'est là, une partitive.

Cela donne lieu aux universelles et aux particulières.

La forme logique n'existe que par des partitions opérées sur la totalité des choses.

IDENTITIVES. Il n'est pas besoin de les définir il semble.

Elles établissent des synthèses. On aboutit ainsi à deux sortes de touts : les touts composés d'éléments indépendants entr'eux, (les divisoires examinées ci-dessus) et les touts composés d'éléments dépendants les uns des autres, réunis dans une fonction logique.

La fonction logique relie plusieurs termes, mais il se peut qu'un de ces termes fasse l'unité des autres.

Nous sommes ainsi ramenés aux fonctions logiques.

CHAPITRE IV

DES FONCTIONS LOGIQUES QUANT AU RAISONNEMENT.

C'est ici une théorie très-vaste dont nous ne pouvons indiquer que les points principaux. Nous avons déjà traité des fonctions logiques à propos de la proposition. Nous avons vu les notations linéaire et sérielle continue.

Cette conception est une extension des fonctions mathématiques. Elle se rapproche des divisoires. Car la divisoire est une fonction logique. D'ailleurs toute fonction à plusieurs déterminants est une divisoire modifiée, plus concrète. Lors même que les termes sont co-réels, il y a divisoire sous un certain point de vue.

Si on a deux fonctions logiques à plusieurs déterminants, on peut concevoir une 3e fonction dont chaque déterminant est une combinaison d'un terme de l'une avec un terme de l'autre. On peut opérer aussi dans une 3e fonction, la répartition des termes de l'une entre les termes de l'autre.

La notation sérielle continue a pourtant un défaut. Elle n'exprime pas clairement le cas où tous les termes sont symétriques et permutables entr'eux, l'ordre des termes étant indifférent. Nous indiquons plusieurs moyens d'exprimer ce cas. L'un a lieu en mettant dans une courbe les éléments sans ordre qui sont alors comme à l'état fluide.

RELATIONS COMPLEXES

Les relations complexes s'expriment ainsi par la notation linéaire.

$$a \overset{r}{\smile} (c \overset{s}{\smile} d).$$

C'est la notation sérielle discontinue.

Mais graphiquement on l'exprime sous forme d'arbre.

Il est aisé ensuite de passer une de ces notations à l'autre, et de les combiner dans une seule. Voici cette combinaison pour le cas ci-dessus qui est le plus simple.

Si on emploie la forme sérielle continue, le point de réunion des courbes évidemment représente les relations.

Cela amène des considérations sur la forme d'arbre, et sur la forme sérielle continue, qui expriment les côtés constants des choses, tandis que les termes représentent les côtés variables. Si la fonction est représentée par un arbre, les termes sont comme les insectes ou les oiseaux qui viennent s'y poser.

Mais il y a outre les termes et les relations incidentes affirmées, d'autres ensembles qui n'ont de valeur que dans la fonction qu'ils occupent. C'est ce qu'on nomme les *ensembles de compositions*.

Ces ensembles nous conduisent aux relations fonctionnelles.

Nous avons vu ce que sont les *relations fonctionnelles*.

Les deux principales sont l'identité et la négation; d'où deux problèmes principaux.

I° *Simplifications* des identiques. Quand dans une ensemble de fonctions ou une fonction complexe, les mêmes termes sont affectés à des rôles abstraits différents, il y a lieu de se demander comment on peut simplifier, en supprimant les répétitions des termes. Il y a bien des moyens; les principaux sont : donner aux notations la forme cyclique, tracer des traits qui vont d'un déterminant à un autre. Nous indiquons plusieurs autres moyens. Nous faisons remarquer que ces moyens s'appliquent aussi à la permutabilité. Toutefois, on distingue celle-ci par une marque particulière comme nous l'avons déjà vu.

Un des moyens les plus généraux, c'est de séparer les termes des rôles abstraits et indiquer le rapport par un trait mené de l'un à l'autre. Ce trait indique le rapport de termination; le verbe. Ce trait est le même que celui qui exprime l'identité.

On peut placer la fonction en bas par ex. et les termes en haut, puis mener des traits des uns aux autres. Ces traits se croiseront souvent. Il y a lieu alors de leur donner la direction le plus rectiligne possible.

On peut en 2ᵐᵉ lieu ranger les rôles horizontalement et les traits verticalement. Cela forme comme une table à deux entrées, analogue à la table de multiplication ; on aura alors des rôles et des termes.

S'il y a une modification des verbes, cela forme comme une 3ᵉ entrée, ou une 3ᵉ dimension. C'est une sorte d'application de la géométrie à la logique.

Plus généralement, tout élément de fonction peut être représenté par une connexion de forme quelconque. Par là, les ressources de la notation graphique sont extrêmement agrandies.

2° *Négation des fonctions.* Une fonction complexe est niée. Comment cette négation peut-elle s'exprimer par une autre fonction plus ou moins complexe ?

C'est un problème intéressant et qui donne lieu à des recherches étendues.

D'abord le plus souvent une fonction peut se décomposer en une collection d'autres fonctions. La négation de la fonction totale se résout alors en une disjonctive dont les termes sont les fonctions qui composaient la totalité niée.

La négation déterminée est loin d'être inutile à considérer ; souvent elle éclaire la notion primitive qui n'est pas comprise sans elle.

La négation est donc pluriforme. L'affirmation, synthèse, unit des matériaux ; la négation analyse, disperse ce que la synthèse avait rassemblé ; elle revient aux matériaux, que parfois même elle supprime.

Pour prendre un cas général on peut examiner la négation dans le cas de la fonction sérielle continue, d'abord avec un seul déterminant.

Le tableau suivant exprime l'effet des négations dans les déterminants de diverses sortes d'une telle fonction.

A		P
C		Q
G	I	Pt
S		Pl
R		D
Nc		N

À chaque terme dans une colonne on substitue son symétrique dans l'autre colonne.

On a là les oppositions suivantes : affirmation, négation ; collection, disjonction ; générale, particulière ; singularité, pluralité ; rien, quelque ; nécessaire, possible.

L'individuel ne change pas dans ce mouvement. C'est le centre, le pivot sur lequel tourne l'opposition des formes négatives.

Cas des fonctions à plusieurs déterminants sans termes répétés. Chaque déterminant concret est lié par un rapport de détermination avec la fonction. La fonction se décompose en autant de fonctions partielles qu'il y a de déterminants. On a donc une disjonctive pour résultat, l'une des propositions est fausse indéterminément.

FONCTIONS COMPLEXES AVEC TERMES COMMUNS.

Quand on prend la négation d'une telle fonction que s'ensuit-il quant aux termes répétés ?

Il y a deux cas à considérer. Dans le 1er cas, la répétition est prise enthymématiquement, elle ne peut être changée par la négation. L'autre cas est quand elle peut être changée par la négation.

Dans le 1er cas la négation a lieu comme si tous les termes répétés étaient distincts. On peut considérer la fonction comme si la répétition n'avait pas lieu, en posant une fonction réciproque, où en effet elle n'existe pas.

On peut aussi considérer le rapport de termination du même terme comme multiple et indivisible.

Cas où les identités ne sont pas accordées et peuvent être niées. Suivant la même marche que ci-dessus on a des déterminants multiples et affectés de négation, pris en bloc. Ensuite on établit une contrariété unilatérale entre les termes répétés; on a ainsi :

On pose que ces 3 déterminants ne sont pas identiques. De là une nouvelle sylleptique, la *distinction*.

L'identité étant une négation double, la distinction devient simple négation.

Cela donne l'idée des déterminants pris négativement

a n'est pas déterminant de φ; le signe de la négation doit alors être placé au milieu de la courbe.

Il y aurait à ce propos à étudier la non conséquence. Mais cette étude sera mieux placée plus loin.

Par cette étude on voit que la conséquence n'est qu'une collection revêtue du caractère de nécessité, l'idée de la collection est intimement liée à celle de la conséquence. On verra aussi comment la négation amène la puissance.

Ici vient la conception des fonctions par suppression, avec des notations spéciales.

La *singularité* est un produit de la négation. Elle nie la pluralité des termes et par suite la contrariété qu'ils auraient pu avoir entr'eux.

Conséquences entre les relations abstraites.

Au lieu de conséquences entre des termes explicites, on peut considérer les conséquences entre des relations ou fonctions abstraites, les termes étant quelconques, non explicites.

Ordinairement une relation étant établie, on arrive à des relations conséquentes plus simples et à éliminer certains termes. D'autrefois on peut transformer seulement sans éliminer, on peut opérer par simple permutation, ou même par augmentation. Les principes fondamentaux de la logique peuvent être réduits à des conséquences entre des fonctions abstraites. Ainsi le principe des séries réductibles

$$(A \diagdown B) + (B \diagdown C) \diagdown (A \diagdown C)$$

s'écrira simplement

$$(\diagdown \diagdown) \diagdown (\diagdown)$$

De même le principe des subsomptions, le principe d'identité, celui de contradiction, celui de la réversion. Ces principes, il semble, résument la logique.

Les conséquences logiques ne dépendent pas des termes, qui sont quelconques, comme on le voit par les lettres qui les expriment. Elles ne dépendent donc que des relations posées. On peut donc les réduire à des conséquences où les termes sont supprimés, où il n'y a que des relations.

Pour s'élever à une plus haute généralité, il n'y a qu'à remplacer ces relations logiques, telle que la conséquence etc. par des relations supposées quelconques, néanmoins revêtues des caractères généraux que la logique considère, tels que la convertibilité, l'inconvertibilité, conservant les mêmes identités, et prenant les formes, non conclues par la logique, mais hypothétiquement. On a alors des antécédents beaucoup plus généraux. Ces antécédents forment pour ainsi dire la matière d'une nouvelle logique. On examine plusieurs de ces conséquences, ainsi que les lois qu'on peut en tirer, et l'on construit par hypothèse des conséquences semblables ou différentes ; synthétisant ces conséquences, on examine les conclusions qui s'en tirent et les lois de ces conclusions. Si l'on fait entrer dans cet examen les formes mathématiques, on a, il semble, la logique élevée à sa plus haute puissance.

Cette étude est fort longue ; car il s'agit de repasser tout ce qu'on a vu. Mais cela est conforme à la méthode d'induction à priori. L'on doit ainsi arriver à des résultats très-simples en comparaison des milieux qu'on a traversés.

Nous ne pouvons aborder ici ce travail dont voici les résultats généraux :

On obtient ainsi comme formes de conclusion : les conséquences par réduction des identiques (simples transformations) ; celles par suppression, élimination, substitution (suppression des périodes dans les cycles associés à des facteurs indéfinis), et par augmentation, puis par inversion simple ou modifiée, par permutation, transport simple ou avec changement de qualités ; on a des fonctions unilatérales ou cycliques, des fonctions à termes symétriques, celles où un terme prépondérant est donné par induction, on aperçoit l'analogie de cette marche avec celle des catégories moyennes.

On en conclut aussi cette importante vérité :

Le cycle est un instrument universel de conclusion et de transformation des fonctions.

CHAPITRE V.

Modales ou verbes.

(Derniers analytiques).

Voyons le plus rapidement possible cette partie, n'indiquant que les points les plus saillants.

(Pour cette étude, je dois beaucoup à *la théorie des modales* de M. Rondelet. J'ai eu l'honneur de l'avoir pour professeur. Ses leçons et ses ouvrages ont contribué à entretenir en moi le goût de la philosophie. Qu'il reçoive ici l'hommage de ma reconnaissance).

Les conséquences que la science pose n'ont pas toutes la même nature, et le rapport d'attribution qui lie les termes concrets aux termes abstraits, le verbe, a différents modes, différentes formes.

La théorie des modales se divise naturellement en 4 parties : théorie générale de la nécessité, l'essence ou compréhension modale, la cause ou extension modale, la puissance et la loi, synthèse modale.

La nécessité ne peut s'étudier sans son contraire, la possibilité.

On conçoit d'abord des termes indépendants entr'eux.

C'est l'analyse.

Puis vient la synthèse. Elle unit un certain nombre des termes dans une même fonction.

Elle pose une collection limitée, et entre les termes de cette collection, des dépendances, des relations qui constituent la fonction. De là viennent la conséquence et la nécessité.

La collection limitée est en soi nécessaire ou contingente.

Qu'est-ce qui fait le fonds de cette collection nécessaire? C'est une force semblable à l'attraction. La conséquence et la nécessité sont intimement liées. Néanmoins il y a une différence entr'elle. La conséquence simple est contingente vis-à-vis la conséquence nécessaire. Celle-ci est une conséquence à antécédent double.

La collection fonde la dépendance, et ensuite la négation. Ces 3 idées fondamentales, catégories 1re se tiennent donc étroitement.

La possibilité est comme une négation; mais c'est une négation de négation, un retour à l'analyse, à l'indépendance première.

Ainsi il y a d'abord indépendance première ou possibilité, puis dépendance et nécessité.

Mais dans la fonction ainsi déterminée, la détermination le plus souvent n'est pas complète.

Il reste un élément d'indétermination. C'est une possibilité qui peut être soumise à de nouvelles restrictions, d'où naissent des nécessités postérieures.

De là une alternance, et une hiérarchie de possibilités et de nécessités qui se succèdent. C'est le point le plus saillant de cette théorie.

On pourrait croire que la nécessité augmentant, tout devienne déterminé. C'est l'opinion du déterminisme. Mais une autre opinion prétend que la détermination s'arrête et que l'indétermination reprend le dessus. C'est ce qui donne lieu à l'idée de liberté et de puissance. On arrive ainsi à l'idée de puissance absolue.

L'indétermination 1re et la puissance absolue seraient donc les deux pôles des choses, et la nécessité tiendrait le milieu. Si l'on considère les phénomènes de la nature, on voit qu'ils sont soumis à la nécessité; la puissance paraît, s'accroît, et domine de plus en plus. Le possible appartient en quelque sorte à l'essence de l'esprit. La possibilité que pose l'esprit est le germe de sa puissance.

C'est par la série et dans la série que la nécessité d'abord se produit. On définirait la série à ce point de vue *nécessité d'adjonction uniforme*. La nécessité aboutit à la dualité et s'y borne.

Par contre la possibilité dépasse la dualité et amène une pluralité d'adjonction.

Cette pluralité peut s'obtenir par la série elle-même, en identifiant les termes de plusieurs séries.

D'où le rayonnement des séries autour d'un centre. Les termes extrêmes de ces séries, et les séries elles-mêmes peuvent former un cycle.

Ces termes complexes donnent le passage de la dépendance à la puissance.

La puissance s'adjoint une pluralité qu'elle domine.

La possibilité d'autre part est essentiellement partition.

La possibilité pose des divisoires. La nécessité les résout et les détermine.

Cette alternance entre la possibilité et la nécessité se résume en une hiérarchie de principes ; elle a lieu selon les divers ordres de la science : ordres logique, physique, psychologique, métaphysique ; on reconnait l'ordre métaphysique comme enveloppant les ordres concrets.

Il y a de plus à admettre, quant à l'esprit, un ordre de certitude. La certitude est une sorte de nécessité.

Soit une fonction plus ou moins complexe où divers rapports sont affectés de nécessité. Si l'on fait un raisonnement, qu'elles seront les modalités de la conclusion ? Les cas les plus simples ont été étudiées par Aristote ; mais nous posons la question dans sa complexité.

Quant à la co-existence des modalités de l'objet et des modalités du sujet (relatives à la certitude) elles n'embarrassent pas, car elles se résolvent indépendamment les unes des autres.

Quant à la hiérarchie des possibilités et des nécessités, la possibilité d'un certain ordre entraine celles des ordres qui précèdent.

La nécessité d'un ordre entraine celle d'un ordre postérieur. Néanmoins il y a lieu de l'entendre convenablement. Une chose nécessaire logiquement est nécessaire physiquement, mais par des raisons logiques.

C'est dans l'ordre physique surtout qu'a lieu la distinction du nécessaire et du contingent. Le *contingent* est le réel non nécessaire.

Mais cette distinction est difficile à appliquer convenablement.

Si on a une collection de propositions, ces propositions étant affectées de modalités différentes, et si l'on tire une conclusion, quelles sont les modalités de la conclusion ?

D'abord quant à la certitude la modalité la plus faible l'emporte. Quant aux modalités objectives la règle est celle-ci :

Les modalités de diverses espèces subsistent dans la conclusion sans se nuire les unes aux autres.

Pour nous qui n'éliminons que le moins possible, et qui conservons les termes, soit à l'état explicite, soit à l'état indéterminé, nous conservons aussi les modalités. Néanmoins quand il y a élimination de termes, il se peut qu'il y ait élimination de modalités.

Mais si l'on veut à toute force éliminer?

Distinguer les nécessités, c'est distinguer les antécédents des conclusions qu'on pose. L'attention se porte, il semble sur le dernier de ces antécédents dans l'ordre hiérarchique, sur la modalité de l'ordre auquel appartient l'idée que l'on considère.

Le *fait* est une nécessité vis-à-vis de la chose purement conçue.

Quand il y a des faits mêlés à des nécessités, la conclusion n'est que de pur fait.

A cette étude se rattache celle de la probabilité, qui relie la logique et les mathématiques. Les chances 1res sont des éléments indivisibles de divisoires. Nous distinguons la probabilité subjective et l'objective. Quand la chose est au futur, il y a à distinguer le cas où l'action humaine n'intervient pas de celle où elle intervient. Du reste nous renvoyons aux auteurs spéciaux surtout à Laplace, Boole, et M. Renouvier.

Reste l'application de ces théories aux diverses sciences. C'est la théorie de la démonstration et de la preuve.

Nous recommandons à ce sujet avant tout les derniers analytiques d'Aristote. Il n'y a qu'à louer ces admirables théories, qui, à bien peu de chose près, font partie de la science. Seulement, il y a exagération, il semble, quand Aristote dit que toutes vérités d'une science doivent être démontrées par les principes propres de cette science. Nous citons le cas de vérités géométriques démontrées par des principes mécaniques. La démonstration cherche l'essence, elle vise à l'universalité. Ce qu'Aristote dit ici de la démonstration doit se dire de l'activité raisonnable. La cause est moyen terme. Il y a lieu d'insister aussi sur la méthode d'induction à priori.

Maintenant il y a lieu de voir la nécessité dans les cas spéciaux.

On y applique les catégories de la compréhension, de l'extension et de la synthèse.

On y doit distinguer l'ordre initial ou analytique, l'ordre moyen, l'ordre final ou synthétique.

On peut y appliquer aussi les catégories de l'enveloppement ou du développement, d'où l'idée d'appliquer à la différentiation des conséquences l'ordre entier des catégories moyennes, ce qui donne une grande ampleur à ces théories.

L'essence est la compréhension nécessaire de la forme.

Elle peut être abstraite ou concrète.

Elle est susceptible de *transformations*.

Les transformations de l'essence sont réciproques entr'elles. Néanmoins il en est de plus ou moins importantes. L'expression de l'essence est la *définition*.

Il y a trois sortes de définitions ; 1° les initiales ou simples, 2° les moyennes par les propriétés, 3° les finales ou synthétiques.

Ex. Les sections coniques. Leur définition finale n'existe peut-être pas encore.

A cela se rattache la doctrine des universaux.

La définition a lieu par le genre prochain et la différence spécifique. Mais il y a lieu de comprendre ce que peut être cette différence. Elle peut s'obtenir par augmentation, diminution, par permutation entre les éléments des idées générales, ou par des combinaisons diverses de ces éléments divisés en plusieurs groupes.

Il y a lieu de distinguer la définition et l'imposition du signe.

Classification. A cette étude se rattache celle de la classification initiale, artificielle et analytique ou naturelle et synthétique. Ex. La classification des courbes.

La classification surtout donne lieu à des schèmes, à des représentations graphiques. (Voyez dans Agassiz : *L'espèce en zoologie*, la classification de M. Leay, formée de cycles de cycles).

La classification est une application des harmoniques.

La *cause.* La cause est l'antécédent externe donné à une chose par une conséquence concrète.

L'effet est donc l'extension de la cause.

Pour différencier les causes, nous employons d'abord le système des catégories moyennes.

Nous avons aussi la division d'Aristote : cause matérielle, cause formelle, cause efficiente, cause finale.

La cause finale produit un cycle. Nous renvoyons sur ce sujet au beau livre de M. Paul Janet : *Les causes finales.*

C'est là une division simple et commode, qui pourtant est de la plus grande importance. Au lieu d'une multitude de causes, il n'y en a plus que 4 à considérer.

Il est encore plus simple d'employer les catégories premières. Nous aurons ainsi : cause de collection, cause de dépendances, cause de négation. Elles correspondent à celles d'Aristote. Toutefois celle de dépendance contient la cause formelle et la cause finale.

La négation nous donne une cause des plus importantes, savoir: la cause type, ou exemplaire. Une forme type se multiplie par ses copies ; ex. : la monnaie dans l'antiquité, maintenant l'imprimerie. Ce qui a lieu par la combinaison d'une forme constante définie et d'une matière mobile indéfinie.

Nous distinguons aussi la cause instrumentale, la cause de correspondance.

Il y a encore la cause produisant la succession des contraires, agissant par élimination.

Cela nous amène à considérer le temps, le changement, le mouvement, enfin la puissance et la loi. (Cela donne les temps et les modes des verbes dans la grammaire.)

Comment pourraient être notées les modales? Par le signe de la conséquence diversement modifié, par leurs initiales, par des chiffres qui les numérotent. Une notation importante se présente ici.

C'est l'application de la méthode des plans côtés. Les diverses modales établissent des régions qui se succèdent comme des plans, comme les couches terrestres par ex.

Cela se rattache aux conceptions de *Riemann* sur les feuillets de l'espace.

Les modalités diverses pouvant avoir leurs régions propres, elles seront séparées dans l'expression graphique par des lignes droites ou courbes, et à chacune d'elles on assignera soit une cote arithmétique, soit une lettre caractéristique, soit un signe graphique.

Appliquons ces idées aux résultats déjà obtenus.

Les études qui précèdent donnent lieu à distinguer 5 étages d'éléments logiques :

1° Les termes, en nombre indéfini, et indépendants.

2° Les fonctions établissent des dépendances et des négatives.

3° Les fonctions cycliques obtenues par permutation. Elles aboutissent à l'égalité.

4° Les fonctions de correspondance et de représentation.

CHAPITRE VI.

LA LOGIQUE DES SCIENCES OU MÉTHODOLOGIE.

Topiques.

Cette partie comprend les topiques d'*Aristote*, la méthodologie de *Port-Royal*, la logique des sciences de M. *Bain*.

C'est la théorie générale de la logique appliquée.

Glissons sur elle le plus rapidement possible.

Pour chaque science, il y a lieu de considérer les bases, le développement, les résultats. Les bases et les résultats appartiennent surtout à la philosophie. La méthode fait partie des bases.

On pourrait d'abord appliquer nos principes aux topiques d'Aristote. Il serait à souhaiter que cet entassement prodigieux d'arguments que contiennent ces topiques ne fut pas perdu pour la science, qu'ils fussent classés, disposés en tableaux synoptiques, ramenés à des éléments simples, et exprimés par des notations graphiques.

LOGIQUE DES MATHÉMATIQUES.

Algèbre.

Nous y distinguons surtout les opérations immanentes, et les opérations transcendantes, distinction que nous retrouverons avec une portée plus grande.

Géométrie.

Tout dans la géométrie repose sur trois idées, le cycle, l'imaginaire, l'intégrale. Il n'y a de géométrie que quand on a deux dimensions; il n'y a pas de géométrie de la ligne. Or les deux dimensions permettent de former des cycles, et donnent lieu à l'évolution angulaire, que l'imaginaire règle. Ces deux dimensions sont l'intégrale de la 1re.

$$\int Ax\,dx = \frac{1}{2}Ax^2$$

Or cela n'est qu'un triangle rectangle.

L'intégrale en particulier donne une démonstration du carré de l'hypothénuse, à l'abri des objections de la nouvelle géométrie, et des contestations de Riemann.

Le triangle et le carré sont des aires et par suite des intégrales. Or l'intégrale n'est point chose arbitraire.

Voici sommairement cette démonstration.

Considérons le triangle rectangle ACD dont les côtés sont x, y, z. L'intégrale de x selon l'angle c (avec le facteur $\frac{y}{x} = K$) est

$$\int Kx\, dx = \frac{1}{2} Kx^2$$

C'est le triangle ACD.

L'intégrale de y selon le même angle est.

$$\int Ky\, dx = \frac{1}{2} Ky^2$$

C'est le triangle ADB.

L'intégrale de z selon le même angle est.

$$\int Kz\, dz = \frac{1}{2} Kz^2$$

C'est le triangle ABC.

Or le grand triangle est la somme des deux petits, donc.

$$\int z = \int x + \int y.$$

ou

$$\frac{1}{2} Kz^2 = \frac{1}{2} Kx^2 + \frac{1}{2} Ky^2.$$

Supprimant $\frac{1}{2} K$ facteur commun.

$$z^2 = x^2 + y^2;$$

On peut défendre cette démonstration de l'objection tirée des triangles semblables. Mais nous ne pouvons pas ici insister là-dessus.

La notion qui semble dominer la géométrie est celle de l'imaginaire.

L'importance des imaginaires en géométrie soupçonnée

seulement en 1751 par Kuhn, établie par Argand en 1806 n'a été développée que par les travaux de Cauchy vers 1836. Depuis ce rôle grandit, de plus en plus les imaginaires dominent l'algèbre, la géométrie, la mécanique, les mathématiques entières. Rien de plus simple que l'imaginaire ; c'est une roue qui tourne, ou mieux le mouvement d'un tourniquet ; à chaque mouvement du tourniquet, cet appareil qui nous est assez familier, la position d'un rayon quelconque est multipliée par $\sqrt{-1}$ ou par i.

Indiquons rapidement comment l'imaginaire s'applique à la géométrie entière.

La perpendicularité n'est que l'imaginaire lui-même. Le parallélisme est dû à une double perpendicularité. Le principe des parallèles est démontré par l'évolution angulaire d'une droite mobile sur une droite fixe avec glissement de cette droite sur elle-même.

La position d'un point est obtenue en ajoutant à un mouvement rectiligne du point sur la ligne fixe le mouvement de ce point selon la direction imaginaire.

Les propositions et les figures semblables supposent deux ou plusieurs droites formant des angles fixes, puis des transversales qui se meuvent parallèlement sur elles.

On peut prendre aussi un angle dont un côté est fixe et l'autre mobile autour du sommet ; si ensuite, à la distance de l'unité, on élève une perpendiculaire sur le côté fixe, la partie de cette perpendiculaire comprise entre la droite fixe et le côté variable exprime le rapport d'une droite imaginaire à une droite réelle $= 1$. Ce rapport est la tangente trigonométrique de l'angle.

La différentiation peut être reliée à l'évolution angulaire et aux imaginaires. C'est sur ce point que nous appelons l'attention des géomètres et des logiciens.

La courbe peut être supposée décrite par un mouvement semblable à celui que nous avons employé pour trouver la somme des angles d'un triangle, celui d'une droite mobile qui à chaque accès, ou accroissement infiniment petit de la variable indépendante x, x', x'' subit une évolution angulaire limitée, s'arrête à une position fixe, puis glisse le long d'elle-même jusqu'à ce qu'elle rencontre l'ordonnée émanant de l'accès ; tout y dépend donc du mouvement de rotation lié à $dx = ox$.

Si on l'exprime par $a + bi$ la partie réelle a n'est autre que dx et la partie imaginaire bi n'est autre que dy. L'évolution est déterminée et mesurée par la tangente de l'angle, cette tangente n'est autre que $\frac{bi}{a} = \frac{dy}{dx}$ c'est ce qu'on nomme la dérivée ; la dérivée n'est donc que la loi de l'évolution de l'élément, laquelle a ainsi pour expression un imaginaire. La dérivée tangente trigonométrique est liée à un angle qu'amène une rotation, produit de l'imaginaire.

Suivent des considérations sur les difficultés des mathématiques et les moyens d'y remédier autant que possible.

Passons sur les autres sciences et arrivons à la métaphysique.

MÉTAPHYSIQUE.

Les conceptions logiques exposées ici peuvent présenter le problème métaphysique sous de nouvelles faces et de nouveaux points de vue.

On pourrait aussi appliquer à ces problèmes, pour les étudier, les notations employées par la logique.

Ne citons que le *Parménide* de Platon. Cet exemple colossal pourrait gagner à être exprimé par les notations logiques que nous avons adoptées.

Un nouvel élément est venu s'ajouter de nos jours à la métaphysique, déjà si riche en systèmes. C'est la philosophie de l'Inde, et surtout le *Bouddhisme*, qui a une grande influence sur la pensée moderne, notamment en Allemagne.

L'Inde et l'Allemagne ont mêlé leur pensée, comme deux puissants cours d'eau mêlent leurs flots pour ne former qu'un seul fleuve. La logique peut donner des symboles à à tous ces systèmes, et particulièrement au *Bouddhisme*. Nous avertissons toutefois que ce ne sont que des symboles.

Le *Bouddhisme* dit que la volonté ne peut réaliser son objet; elle est infinie en soi, chacun de ses actes est fini, limité, et l'acte accompli on est comme revenu au point de départ. Donc il faut sortir de la volonté et tendre au néant de l'existence, au *Nirvana*.

Supposons le champ de la volonté représenté par l'espace, ou plutôt par un plan indéfini, et l'esprit par un point se mouvant sur ce plan, chaque acte de l'esprit par une figure limitée ou par le chemin fait pour tracer cette figure. C'est un cycle puisqu'on revient au point de départ; ce cycle est infiniment petit devant l'espace, et quand il est parcouru on n'a avancé à rien. Il se peut même qu'on ait reculé au lieu d'avancer. Il vaut mieux donc gagner le 0 et y rester, au moins on ne reculera pas.

Oui. Mais cela est sophistique. En parcourant le cycle n'a-t-on rien fait? Si l'on en considère un terme, ce terme à une valeur vraie. Si l'on recommence d'autres cycles variables, cette variation même n'est-elle pas quelque chose? Ne peut-on pas ainsi s'avancer de plus en plus? On prend donc un terme du cycle pour le cycle lui-même, et un terme intermédiaire pour celui qui le clot.

Si partant de Lyon on arrive à Paris, puis qu'on visite l'Europe qu'on revienne à Paris et qu'on aille à Londres, n'aura-t-on fait que 200 ou 300 lieues?

Puis n'y a-t-il pas peut-être un mouvement d'entraînement caché? Il y aurait là l'omission d'un facteur.

Une autre interprétation se présente. Supposons un cycle fini passant par o, d'autres cycles peuvent être parcourus dans son intérieur. Par la merveilleuse faculté de représentation, dont jouissent certains de ces cycles, ils peuvent d'une certaine façon atteindre les points de l'espace indéfini. Cette extension est une puissance. Dira-t-on qu'il n'est rien ce cycle qui représente tout? Telle est la puissance de l'esprit. Ici on ne tient pas compte de l'extension.

Le *Bouddhisme* dit encore que la volonté s'anéantit par ce qu'elle contient en soi une contradiction; mais dans un système, la contradiction peut être levée de plusieurs manières. On aperçoit ici l'immixtion de la logique dans la métaphysique.

Passons sur la discussion et ses règles.

SOPHISMES.

(Réfutations sophistiques)

Il n'y a guère à ajouter aux travaux d'Aristote, de Stuart-Mill, de Bain, à ce sujet.

On y ajoutera toutefois la substitution de la dualité à la pluralité, et surtout les sophismes nés de la constitution du cycle. Nous avons vu quelques-uns de ces sophismes à propos du *Bouddhisme*. Nous avions déjà le cercle vicieux. On peut confondre les éléments du cycle les uns avec les autres, par exemple les éléments cycliques, et les éléments indéfinis. Il n'y a pas lieu d'insister là-dessus.

CHAPITRE VII.

APPLICATION A LA SYLLOGISTIQUE

Voyons l'application de ces théories aux modes et figures du syllogisme; pour mesurer sur cet exemple classique les progrès réalisés sur l'ancienne logique et sur la scolastique.

Nous supposons qu'on a présentes ces théories. On peut les voir résumées dans une foule de livres, dans Port-Royal par ex.

Nos études nous donnent jusqu'à huit méthodes pour traiter le syllogisme. Insistons sur la première qui paraît la plus nouvelle et qui est la plus importante. La dernière plus synthétique résume toutes les autres.

I. — Méthode Tropique ou cyclique.

Cette méthode consiste en l'application au syllogisme des séries de contradictions et de contrariétés, résolubles par suppression des relations intermédiaires.

Nous avons vu les deux lois qui règlent ces réductions :

1° Deux contradictions qui se suivent | | se suppriment.

2° Une contradiction, étant entre deux contrariétés, on ne garde du tout qu'une seule contrariété | | | = |

On obtient ainsi des chaînes irréductibles nommées *chaînes radicales*. Elles ont normalement trois parties : 1° une contradiction commençant la chaîne ; 2° une chaîne intermédiaire de contrariétés ; 3° une contradiction finissant la chaîne.

Quand la chaîne intermédiaire n'existe pas, on est réduit à la contradiction ou à la réciprocité.

D'ailleurs la chaîne des contrariétés peut n'en comprendre qu'une.

Nous aurons donc :

$$
\begin{array}{ccc}
A & | \overset{n}{|} | & C \\
A & \overset{n}{|} | & C \\
A & | \overset{n}{|} & C \\
A & \overset{n}{|} & C \\
A & & C \\
\end{array}
$$

La réciprocité peut s'exprimer par | |

La conséquence, il est aisé de le voir, s'exprime par une contrariété et une contradiction.

$$A \diagdown B = A \mid \mid B$$

Ces lois sont établies entre des propositions, mais on peut les établir entre des choses quelconques, et surtout entre les modes considérés dans le même sujet.

Les relations ci-dessus établies entre les modes, peuvent exprimer les propositions de la syllogistique.

L'universelle affirmative est une conséquence entre les modes.

L'universelle négative est une contrariété entre les modes.

Restent les particulières.

La particulière affirmative dit qu'un même sujet a deux modes a et b. Il y a donc conséquences de ce sujet aux deux modes.

La particulière négative dit qu'un sujet a un mode a, c'est à dire est antécédent de ce mode a; et n'a pas le mode b, c'est à dire est contraire à ce mode b.

Les quatre propositions peuvent donc être exprimées comme il suit:

A	universelle affirmative	$a \mid \mid b$
E	universelle négative	$a \mid b$
I	particulière affirmative	$a \mid \mid \mid \mid b$
O	particulière négative	$a \mid \mid \mid b$

On adjoindra si l'on veut à ces propositions celles ajoutées par Aristote (la réciprocité); Hamilton, Morgan. Ce système en exprimerait des milliers d'autres!

La contradiction est

$$a \mid b$$

La réciproque $a \mid \mid b$ ou simplement $a\ b$.

La contrariété a | b.

Ce qu'il y a de curieux, c'est que parmi ces propositions on a oublié la contradiction qui est la principale.

Observons que la contradiction est en soi universelle, et la contrariété particulière.

Le signe | | après une notion est donc celui de la particularité.

Ces notations paraissent complexes et difficiles à lire.

Un artifice nous viendra en aide. Les signes | | se rapprochent des lettres *l* et *i*. Nous prononcerons l'un *l* l'autre *i*.

On a ainsi *il, i, liil, lii.*

plusieurs *l* qui se suivraient se prononceraient chacun *le*.

Par ce procédé et au moyen des deux règles de réduction ci-dessus, on peut exprimer et vérifier tous les principes de la syllogistique, et surtout les formes et les figures du syllogisme.

La série, le groupement des conséquents, celui des antécédents, la conversion, sont les principes des figures du syllogisme. Ici on ramène tout à une chaîne; elle est formée de négatives; c'est comme si on réduisait tout au même dénominateur.

La mineure doit être placée la première. Il faut quelquefois convertir les prémisses pour avoir la chaîne. La conversion se fait simplement en écrivant les signes dans l'ordre inverse.

La chaîne étant écrite avec le moyen terme placé plus haut, qu'on ne tienne pas compte du moyen terme, et qu'on opère les réductions sur les chaînes ; Le résultat des réductions donne la conclusion.

Avec un jeu de cartes on peut ainsi très-bien représenter toutes ces opérations, en supposant qu'une noire désigne la contradiction, et une rouge la contrariété. Cela devient un jeu, un amusement.

Donnons ces représentations pour la première figure seulement.

Barbara.

A | |B| | | C   A | C

Celarent.

A | |B| C   A | C

Darii.

A | | |B| | C   A | | | C

Ferio.

A | | |B| C   A | | C

2ᵉ Méthode. — Les Collections.

Les propositions de la syllogistique peuvent être figurées par des collections de modes, et des négations des collections.

La contrariété et la conséquence, c'est-à-dire les universelles, sont des non collections. La non collection de modes est en effet universelle.

Elle indique que ces modes ne coexistent dans aucun sujet.

Les particulières s'expriment par une simple collection de modes. On ne conclut pas avec deux particulières ni avec deux collections contenant le même terme; la collection indique que les modes sont réunis dans un même sujet, mais le sujet de la 2ᵉ peut n'être pas le sujet de la première.

Si l'on spécifiait que le sujet des collections est le même, on conclurait avec deux particulières, ce qui fait voir combien la syllogistique peut s'étendre, on aurait ce que Morgan appelle *syllogisme unité*, la proposition ayant la forme exemplaire.

Il y a donc dans ce système deux cas principaux. Dans le premier, on a deux non collections. Pour que ces deux non collections concluent, il faut que le terme commun soit pris en elles avec des qualités opposées, dans l'un affirmé dans l'autre nié. Alors ces deux non collections se réunissent en une seule. Tels, deux corps d'électricités différentes se rapprochent, et l'équilibre est rétabli.

Quand on a deux non collections avec moyen terme ayant même qualité, on conclut une non-collection à conséquent groupé, qui ne rentre pas dans les 4 formes ci-dessus. C'est une particulière hypothétique.

2ᵉ cas. On a une collection et un non-collection. Le moyen-terme doit être alors de même qualité. On substitue dans la non-collection au moyen terme l'autre terme de la collection.

Si les qualités ne sont pas les mêmes, la conclusion ne s'exprime pas par une des 4 propositions admises.

Les qualités du moyen doivent donc être opposées dans le 1ᵉʳ cas, les mêmes dans le 2ᵐᵉ.

La contradiction ne s'exprime pas simplement dans un tel système.

Pourtant c'est elle au fond qui opère la conclusion. C'est elle qui lève l'indétermination.

Exemple :

Premier cas.

$$\diagdown \quad \dfrac{\begin{array}{l} |\ (a+\ |\ b) \\ |\ (b+c \end{array}}{|\ (a+c} \qquad \text{Celarent.}$$

Deuxième cas.

$$\dfrac{\begin{array}{c} a+b \\ |\ (b+c) \end{array}}{a+\ |\ c} \qquad \text{Ferio.}$$

L'ordre de lettres ici est indifférent. Toutes les figures et modes du syllogisme peuvent donc être écrits ainsi.

Néanmoins ce système a certains défauts. Il se prête mal à la mise des relations en séries. La contradiction y a une expression compliquée. Si l'on veut corriger ces défauts, on revient au premier système ou l'on va à celui qui suit.

Le terme isolé affecté de la négation peut être assimilé à une non collection ou à une contrariété unilatérale et par suite on peut écrire le signe de la négation ainsi | a comme si le terme était une collection. Cela rend uniforme la notation.

3ᵉ Méthode. — Les Divisoires.

On considère par cette méthode la contrariété comme formant une partie de divisoire.

Dans les divisoires il y a lieu de considérer les rapports des divisoires partielles entr'elles et à la divisoire totale. Nous sortons ici de la compréhension pour entrer dans l'extension.

Ces divisoires partielles ont entr'elles des rapports de conséquence ou de contrariété, ce sont des universelles. Elles ont des termes communs, ce qui donne lieu aux particulières. La négation ou la contradiction d'une divisoire partielle est son complément.

Quand deux divisoires partielles sont incluses l'une dans l'autre la moins étendue est antécédent de la plus étendue. Les 4 propositions sont donc facilement exprimables.

La divisoire totale étant explicite, nous avons vu comment s'indiquent les diverses partielles. Donnons un exemple étendu où existent la plupart de ces rapports :

```
A  |  B  |  C  |  D  |  H  |  K
 r
         s
    t                u
 v                           v'
    x                           x'
         y
                         z
```

La divisoire totale non explicite pourrait s'indiquer par un trait. C'est la notation employée par Lambert, qui est ainsi justifiée. On peut supprimer souvent la divisoire totale qui est indéterminée.

Exemple :   Barbara

On emploiera aussi avantageusement des divisoires cycliques. Le syllogisme n'est ici qu'une partie d'un bien plus vaste système.

4ᵉ Méthode. — Les Aires géométriques

C'est la méthode employée par Euler et une foule d'auteurs. Au lieu de cercles, on peut se servir d'aires quelconques, même de simples points, le voisinage indiquant la contiguïté.

C'est en quelque sorte un système de divisoires à deux dimensions. Nous n'apporterons qu'une modification notable à ce système. C'est d'exprimer le cas où il y a indétermination par des contours ponctués ou sinueux, ou par une autre marque quelconque. Aussi la particulière affirmative quelque a est b peut s'exprimer ainsi :

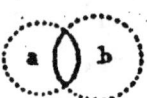

L'aire (a+b) est seule déterminée ou affirmée. Les aire a + non b, b + non a, sont indéterminées et simplement possibles.

On ne conclut pas dans la syllogistique avec deux particulières ou deux négatives. Car alors il y a indétermination.

La méthode des aires permet de rechercher et de formuler les cas où cette indétermination peut être levée.

Nous reportant à la première méthode, nous prendrons le cas où entre deux termes a et b, on a une série de contrariétés $\overset{n}{a \mid b}$. Dès que n dépasse 2, on ne voit pas quelle conclusion plus simple on peut en tirer. Il y a indétermination.

Cette indétermination peut être levée

1° Quand les genres que figurent les aires sont posés comme bases d'induction. Alors on induit en déduisant.

2° Lors qu'on pose ces contraires comme réellement sériés, car alors il n'y a aucune indétermination. Ex. :

3° Le cas sur lequel nous insistons est celui de la singularité.

On suppose alors que les contraires sont rapportés non

à l'ensemble total des êtres, mais à un ensemble limité, à une totalité relative.

Cela a lieu lorsque a et b sont singuliers, ou l'un ou tous deux, et dans ce dernier cas ils peuvent être distincts ou identiques. La singularité en effet, nie la pluralité, et par suite la contrariété. Dès lors le champ de l'indétermination est restreint et on a des conclusions parfaites et déterminées. Les trois cas peuvent être représentées ici :

$$\textcircled{a} \quad . \; b \quad | \quad a \quad b \quad | \quad ab$$

Dans le premier b doit être pris comme moyen terme, la contrariété double est alors déterminée. Dans le deuxième l'indétermination est complètement levée. Dans le troisième toute contrariété est impossible.

La négation apparaît encore ici comme moyen de détermination.

5ᵉ Méthode. — Les contours des triangles

Cette méthode, secondaire peut-être, consiste à exprimer les propositions par les contours d'un triangle.

On peut employer un triangle continu, ou un triangle discontinu, chaque terme étant répété deux fois. Les accidents, savoir la négation, la particularité, s'indiquent par des accents ou autres signes, des barres transversales par ex., placées entre les termes ou auprès des termes.

On peut donner diverses positions à la conclusion. Elle est horizontale, ou plus ou moins inclinée. La position verticale ou inclinée concorde mieux avec notre notation des séries ou des faisceaux.

Par là on fait du syllogisme comme un cycle géométrique. D'ailleurs chacune des propositions peut être considérée comme faisant partie d'un cycle, ou étant elle-même un cycle.

Ajoutant ainsi des triangles les uns aux autres on a des figures complexes assez curieuses pour représenter les sorites, dilemmes, prosyllogismes, épichérèmes, enthymèmes, etc. c. a. d. les arguments reconnus par l'ancienne logique. Parfois on donnera, comme dans la notation des divisoires, des directions parallèles aux lignes exprimant les propositions.

On a ainsi des formes se rapprochant des formes de la nature. Le sorite est semblable au polygone des forces, le prosyllogisme a une représentation analogue à la représentation graphique des puissances algébriques. L'épichérème forme comme des ensembles de bulles, une toile, un tissu. L'enthymème donne lieu à une sorte de stratification. Cela donne à réfléchir. La géométrie, la nature, l'art sont un tissu de syllogismes. C'est la première méthode que nous avons employée.

Cela est conforme à la théorie des connexions, puisque les connexions sont déterminées et définies par leurs contours.

6ᵉ Méthode. — LES CYCLES SUPPRESSIBLES.

Les méthodes que nous venons d'indiquer reviennent au fond à une seule méthode, et sont l'application d'un seul principe. Ce principe s'étend aussi à une région immense des mathématiques. C'est le principe des cycles suppressibles.

Les conclusions de la logique, avons-nous dit, sont de deux sortes. Les unes sont des transformations où tous les termes sont conservés. Dans les autres, qui donnent des résultats subalternes, on ne conserve que certains termes. C'est ce qui donne lieu à l'*élimination*.

L'élimination est *indéterminée* ou *déterminée*. Parfois on ne s'intéresse qu'à quelques termes. On cherche les relations les plus simples, les plus directes qu'ils ont entr'eux. Il y a donc à éliminer, autant que possible, tous les autres. C'est l'*élimination indéterminée*.

D'autres fois on élimine expressément tels ou tels termes. C'est l'*élimination déterminée*.

Or pour l'une ou l'autre de ces éliminations, il y a une méthode générale. C'est celle des cycles suppressibles. Les termes qu'on élimine font partie de ces cycles, et supprimant les cycles, on supprime les termes.

Ces cycles sont de diverses sortes. Le cas le plus général est celui-ci :

Soit une série de termes. La relation la plus simple entre les termes s'obtient en tenant compte des intermédiaires seulement.

Si dans la série

$$a \quad b \quad c \quad d \quad l \quad m \quad n \quad v$$

on introduit un cycle (ou un système de cycles)

$$d \quad e \quad f \quad g \quad h \quad i \quad k \quad d$$

on a l'expression complexe

$$a \quad b \quad c \quad (d \quad e \quad f \quad g \quad h \quad i \quad k \quad d) \quad l \quad m \quad n \quad v.$$

Si nous voulons connaître la relation directe entre a et k, terme compris dans le cycle, nous tiendrons compte du cycle, nous aurons

$$a \quad b \quad c \quad d \quad e \quad f \quad g \quad h \quad i \quad k$$

Mais si nous cherchons la relation du premier a avec un terme placé au-delà du cycle, v par ex. nous supprimons le cycle, et nous avons simplement

$$a \quad b \quad c \quad d \quad l \quad m \quad n \quad v.$$

Voilà un cycle suppressible. Tous ses éléments sont éliminés. Nous représentons cela graphiquement ainsi :

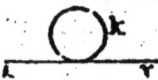

A la place du cycle, on peut mettre un système continu de cycles et de séries, pourvu qu'il ait un terme commun avec la série $a\ v$. Une série sera regardée comme un cycle, si l'on suppose qu'après l'avoir parcourue dans un sens, on la parcourre en sens inverse.

Quant à l'élimination indéterminée, il y a lieu à mettre le plus de termes autres que ceux qu'on veut conserver, dans des cycles suppressibles.

Quant à l'élimination déterminée, il suffit que les termes à éliminer forment des cycles suppressibles ou rentrent dans de tels cycles.

Quelquefois ces cycles ne sont pas explicitement compris dans les données. Il y a lieu de les former par des constructions particulières. Ex. les éliminations dans les équations algébriques.

Le cycle produit par l'équation algébrique $fx=o$ est de même nature. De même les produits $o\ a\ b\ c=o$.

A ce cycle on assimile les collections contenant des contradictoires, les non collections, les contrariétés unilatérales. Ces collections sont nulles ; on les égale à o ; on les exprime graphiquement par des cycles semblables à ceux des équations algébriques.

On s'élève à une plus haute généralité par les considérations qui suivent.

Le cycle peut être représenté souvent par une projection

linéaire, (ou par une intégrale prise entre des limites imaginaires, mais ceci est bien plus complexe.)

Dans les relations logiques ou mathématiques on suppose un cycle associé à un facteur indéfini. Ce facteur indéfini sera souvent la série des nombres, où une quantité continue à une seule dimension (l'unité étant arbitraire).

Dans les relations que l'on considère, le facteur indéfini peut changer de sens, ou conserver le même sens. S'il conserve le même sens, ce facteur, mathématique, quand il est déterminé, se supprime, et alors reste le facteur cyclique qui amène l'identité relative et permet la substitution.

Cela explique les méthodes qui précèdent.

La méthode tropique est fondée sur deux réductions. La première n'est que le cycle simple de la négation ou le proverbe : Deux négations valent une affirmation. C'est le premier cycle suppressible d'où tous les autres dérivent. La deuxième s'explique par un cycle conséquent de contradiction, ou encore par le principe du facteur indéfini, associé et supprimé. D'ailleurs le premier terme est compris dans le cycle suppressible qu'amène la contradiction.

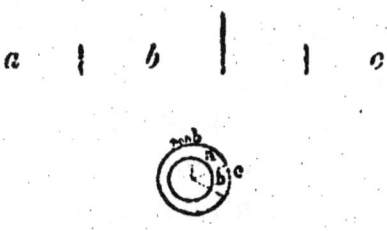

La deuxième méthode nous montre des collections et des non collections, mais les non collections sont essentielles et ce sont elles qui opèrent le raisonnement ; or ces non collections sont des cycles.

Quant à la troisième méthode des divisoires, les termes sont aussi des collections ou des non collections. Les termes qui sont non collections sont supprimés et l'on simplifie ; la divisoire totale est aussi un cycle.

Quant aux aires géométriques, la contrariété supprime un aire, supprimant le contour qui est un cycle, ou supprime l'aire entière qui est comme un réservoir de cycles.

Si les aires s'enveloppent, le principe du facteur indéfini associé à un facteur cyclique s'applique. Si les aires ont des termes communs, la détermination se restreint à cette aire commune.

Pour la cinquième méthode, soit les termes formant une suite de divisoires binaires. Des rapports entre les termes de cette divisoire peuvent prendre la forme du triangle ci-dessus.

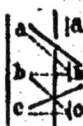

a est contraire à b d'où un rapport entre a et non b. Non b est subcontraire à c d'où un rapport entre non b et c ; le triangle donc doit être supposé avec le moyen terme pris négativement. Alors il concorde avec la notation des divisoires. D'un autre côté, si l'on supprime le facteur vertical, on a un mouvement de va et vient, c'est un cycle qui, se supprimant, produit une identité relative. Nous reviendrons d'ailleurs là-dessus.

On peut supposer simplement que ba une certaine étendue, permettant des traits plus ou moins inclinés.

Si l'on donne la forme sphérique aux divisoires, on voit que, passant d'un demi méridien à un autre, soit joignant deux demis méridiens on a un cycle. C'est au point de vue de la collection un cycle suppressible égal à 0. Cela nous amène à d'autres méthodes.

La simplification logique se fait soit par la série directe, soit au moyen de la suppression, suppression de cycles ou du facteur indéfini qui peut être considéré comme portion d'un cycle infiniment grand ; soit en rendant uniformes es éléments premiers, soit en les ordonnant convenablement ; cette quatrième méthode rentre peut-être dans la troisième. Or rendre les éléments premiers uniformes revient à les disposer cycliquement, à les considérer comme opérés par un mouvement de rotation, ce que plus tard nous comprendrons mieux.

7ᵉ Méthode. — Les connexions.

Nous y reviendrons dans la partie qui suit.

8ᵉ Méthode. — La machine logique.

Nous la traiterons plus tard.

FIN DE LA DEUXIÈME PARTIE

PARIS.— IMP. A. REIFF, PL. DU COLLÈGE DE FRANCE,

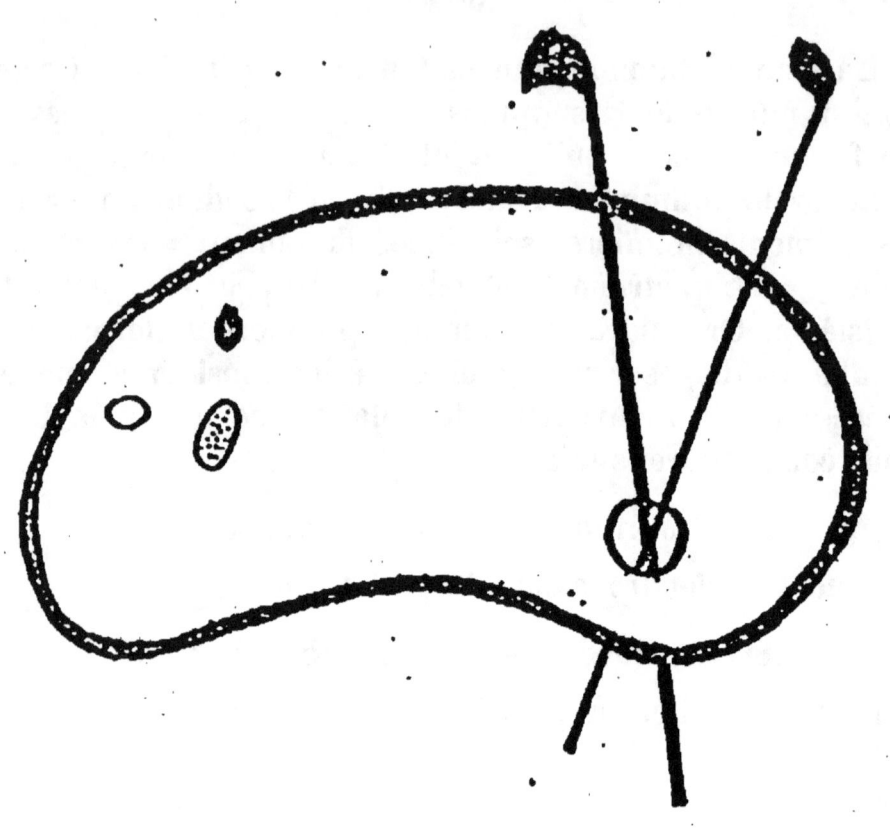

ORIGINAL EN COULEUR
NF Z 43-120-8

www.ingramcontent.com/pod-product-compliance
Lightning Source LLC
LaVergne TN
LVHW050612090426
835512LV00008B/1449